Johann Joachi

CW01507131

Ausgewählte Schriften

Johann Joachim Winckelmann: Ausgewählte Schriften

Berliner Ausgabe, 2014, 3. Auflage
Vollständiger, durchgesehener Neusatz mit einer Biographie des
Autors bearbeitet und eingerichtet von Michael Holzinger

Gedanken über die Nachahmung der griechischen Werke in der
Malerei und Bildhauerkunst:
Erstdruck: o.O. 1755 (anonym).
Erinnerung über die Betrachtung der Werke der Kunst:
Erstdruck in: Bibliothek der schönen Wissenschaften und freien
Künste, hg. v. Christian Felix Weiße (Leipzig), 1. Jg., 5. Heft, 1759.
Von der Grazie in Werken der Kunst:
Erstdruck in: Bibliothek der schönen Wissenschaften und freien
Künste (Leipzig), 1759.
Beschreibung des Torso im Belvedere zu Rom:
Erstdruck in: Bibliothek der schönen Wissenschaften und freien
Künste (Leipzig), 1759.
Beschreibung des Apollo im Belvedere:
Entstanden 1756/59, Erstdruck in: Geschichte der Kunst des
Altertums, Dresden 1764.
Abhandlung von der Fähigkeit der Empfindung des Schönen in der
Kunst und dem Unterrichte in derselben:
Erstdruck: Dresden 1763.

Textgrundlage ist die Ausgabe:
Winckelmanns Werke in einem Band. Herausgegeben von Helmut
Holtzhauer, Berlin und Weimar: Aufbau, 1969 [Bibliothek Deutscher
Klassiker].

Herausgeber der Reihe: Michael Holzinger
Reihengestaltung: Viktor Harvion
Umschlaggestaltung unter Verwendung des Bildes:
Porträt von Raphael Mengs, 1755

Gesetzt aus Minion Pro, 10 pt

ISBN 978-1484070987

Inhalt

Gedanken über die Nachahmung der griechischen Werke in der Malerei und Bildhauerkunst

Der gute Geschmack, welcher sich mehr und mehr durch die Welt ausbreitet, hat sich angefangen zuerst unter dem griechischen Himmel zu bilden. Alle Erfindungen fremder Völker kamen gleichsam nur als der erste Same nach Griechenland und nahmen eine andere Natur und Gestalt an in dem Lande, welches Minerva, sagt man, vor allen Ländern, wegen der gemäßigten Jahreszeiten, die sie hier angetroffen, den Griechen zur Wohnung angewiesen, als ein Land, welches kluge Köpfe hervorbringen würde.

Der Geschmack, den diese Nation ihren Werken gegeben hat, ist ihr eigen geblieben; er hat sich selten weit von Griechenland entfernt, ohne etwas zu verlieren, und unter entlegenen Himmelsstrichen ist er spät bekannt geworden. Er war ohne Zweifel ganz und gar fremd unter einem nordischen Himmel, zu der Zeit, da die beiden Künste, deren große Lehrer die Griechen sind, wenig Verehrer fanden; zu der Zeit, da die verehrungswürdigsten Stücke des Correggio im königlichen Stalle zu Stockholm vor die Fenster, zu Bedeckung derselben, gehängt waren.

Und man muß gestehen, daß die Regierung des großen August der eigentliche glückliche Zeitpunkt ist, in welchem die Künste, als eine fremde Kolonie, in Sachsen eingeführt worden. Unter seinem Nachfolger, dem deutschen Titus, sind dieselben diesem Lande eigen worden, und durch sie wird der gute Geschmack allgemein.

Es ist ein ewiges Denkmal der Größe dieses Monarchen, daß zur Bildung des guten Geschmacks die größten Schätze aus Italien, und was sonst Vollkommenes in der Malerei in andern Ländern hervorgebracht worden, vor den Augen aller Welt aufgestellt sind. Sein Eifer, die Künste zu verewigen, hat endlich nicht geruht, bis wahrhafte untrügliche Werke griechischer Meister, und zwar vom ersten Range, den Künstlern zur Nachahmung sind gegeben worden.

Die reinsten Quellen der Kunst sind geöffnet: glücklich ist, wer sie findet und schmeckt. Diese Quellen suchen heißt nach Athen reisen; und Dresden wird nunmehr Athen für Künstler.

Der einzige Weg für uns, groß, ja, wenn es möglich ist, unnachahmlich zu werden, ist die Nachahmung der Alten, und was jemand vom Homer gesagt, daß derjenige ihn bewundern lernt, der ihn wohl verstehen gelernt, gilt auch von den Kunstwerken der Alten, sonderlich der Griechen. Man muß mit ihnen, wie mit seinem Freunde, bekannt geworden sein, um den Laokoon ebenso unnachahmlich als den Homer zu finden. In solcher genauen Bekanntschaft wird man, wie Nicomachus von der Helena des Zeuxis, urteilen: »Nimm meine Augen«, sagte er zu einem Unwissenden, der das Bild tadeln wollte, »so wird sie dir eine Göttin scheinen.«

Mit diesem Auge haben Michelangelo, Raffael und Poussin die Werke der Alten angesehen. Sie haben den guten Geschmack aus seiner Quelle geschöpft, und Raffael in dem Lande selbst, wo er sich gebildet. Man weiß, daß er junge Leute nach Griechenland geschickt, die Überbleibsel des Altertums für ihn zu zeichnen.

Eine Bildsäule von einer alten römischen Hand wird sich gegen ein griechisches Urbild allemal verhalten wie Virgils Dido, in ihrem Gefolge mit der Diana unter ihren Oreaden verglichen, sich gegen Homers Nausikaa verhält, welche jener nachzuahmen gesucht hat.

Laokoon war den Künstlern im alten Rom ebendas, was er uns ist: des Polyklets Regel; eine vollkommene Regel der Kunst.

Ich habe nicht nötig anzuführen, daß sich in den berühmtesten Werken der griechischen Künstler gewisse Nachlässigkeiten finden: der Delphin, welcher der Mediceischen Venus zugegeben ist, nebst den spielenden Kindern; die Arbeit des Dioskorides, außer der Hauptfigur, in seinem geschnittenen Diomedes mit dem Palladio, sind Beispiele davon. Man weiß, daß die Arbeit der Rückseite auf den schönsten Münzen der ägyptischen und syrischen Könige den Köpfen dieser Könige selten beikommt. Große Künstler sind auch in ihren Nachlässigkeiten weise, sie können nicht fehlen, ohne zugleich zu unterrichten. Man betrachte ihre Werke, wie Lucian den Jupiter des Phidias will betrachtet haben, den Jupiter selbst, nicht den Schemel seiner Füße.

Die Kenner und Nachahmer der griechischen Werke finden in ihren Meisterstücken nicht allein die schönste Natur, sondern noch mehr als Natur, das ist, gewisse idealische Schönheiten derselben, die, wie uns ein alter Ausleger des Plato lehrt, von Bildern, bloß im Verstande entworfen, gemacht sind.

Der schönste Körper unter uns wäre vielleicht dem schönsten griechischen Körper nicht ähnlicher, als Iphikles dem Herkules, seinem Bruder, war. Der Einfluß eines sanften und reinen Himmels wirkte bei der ersten Bildung der Griechen, die frühzeitigen Leibesübungen aber gaben dieser Bildung die edle Form. Man nehme einen jungen Spartaner, den ein Held mit einer Heldin gezeugt, der in der Kindheit niemals in Windeln eingeschränkt gewesen, der von dem siebenten Jahre an auf der Erde geschlafen und im Ringen und Schwimmen von Kindesbeinen an war geübt worden. Man stelle ihn neben einen jungen Sybariten unserer Zeit: und alsdann urteile man, welchen von beiden der Künstler zu einem Urbilde eines jungen Theseus, eines Achilles, ja selbst eines Bacchus nehmen würde. Nach diesem gebildet, würde es ein Theseus, bei Rosen, und nach jenem gebildet, ein Theseus, bei Fleisch erzogen, werden, wie ein griechischer Maler von zwei verschiedenen Vorstellungen dieses Helden urteilte.

Zu den Leibesübungen waren die großen Spiele allen jungen Griechen ein kräftiger Sporn, und die Gesetze verlangten eine zehnmonatliche Vorbereitung zu den olympischen Spielen, und dieses in Elis, an dem Orte selbst, wo sie gehalten wurden. Die größten Preise erhielten nicht allezeit Männer, sondern meistenteils junge Leute, wie Pindars Oden zeigen. Dem göttlichen Diagoras gleich zu werden war der höchste Wunsch der Jugend.

Seht den schnellen Indianer an, der einem Hirsche zu Fuße nachsetzt. Wie flüchtig werden seine Säfte, wie biegsam und schnell werden seine Nerven und Muskeln, und wie leicht wird der ganze Bau des Körpers gemacht. So bildet uns Homer seine Helden, und seinen Achilles bezeichnet er vorzüglich durch die Geschwindigkeit seiner Füße.

Die Körper erhielten durch diese Übungen den großen und männlichen Kontur, welchen die griechischen Meister ihren Bildsäulen gegeben, ohne Dunst und überflüssigen Ansatz. Die jungen Spartaner mußten sich alle zehn Tage vor den Ephoren nackend zeigen, die denjenigen, welche anfingen fett zu werden, eine strengere Diät auflegten. Ja, es war eins unter den Gesetzen des Pythagoras, sich vor allem überflüssigen Ansatz des Körpers zu hüten. Es geschah vielleicht aus eben dem Grunde, daß jungen Leuten unter den Griechen der ältesten Zeiten, die sich zu einem Wettkampf im Ringen angaben, während der Zeit der Vorübungen nur Milchspeise zugelassen war.

Aller Übelstand des Körpers wurde behutsam vermieden, und da Alcibiades in seiner Jugend die Flöte nicht blasen lernen wollte, weil sie das Gesicht verstellte, so folgten die jungen Athenienser seinem Beispiele.

Nach dem war der ganze Anzug der Griechen so beschaffen, daß er der bildenden Natur nicht den geringsten Zwang antat. Das Wachstum der schönen Form litt nichts durch die verschiedenen Arten und Teile unserer heutigen pressenden und klemmenden Kleidung, sonderlich am Halse, an den Hüften und Schenkeln. Das schöne Geschlecht selbst unter den Griechen wußte von keinem ängstlichen Zwange in seinem Putze: die jungen Spartanerinnen waren so leicht und kurz bekleidet, daß man sie daher Hüftzeigerinnen nannte.

Es ist auch bekannt, wie sorgfältig die Griechen waren, schöne Kinder zu zeugen. Quillet in seiner Kallipädie zeigt nicht so viel Wege dazu, als unter ihnen üblich waren. Sie gingen sogar so weit, daß sie aus blauen Augen schwarze zu machen suchten. Auch zur Beförderung dieser Absicht errichtete man Wettspiele der Schönheit. Sie wurden in Elis gehalten; der Preis bestand in Waffen, die in dem Tempel der Minerva aufgehängt wurden. An gründlichen und gelehrten Richtern konnte es in diesen Spielen nicht fehlen, da die Griechen, wie Aristoteles berichtet, ihre Kinder im Zeichnen unterrichten ließen, vornehmlich weil sie glaubten, daß es geschickter mache, die Schönheit in den Körpern zu betrachten und zu beurteilen.

Das schöne Geblüt der Einwohner der meisten griechischen Inseln, welches gleichwohl mit so verschiedenem fremden Geblüte vermischt ist, und die vorzüglichen Reizungen des schönen Geschlechts daselbst, sonderlich auf der Insel Skios, geben zugleich eine gegründete Mutmaßung von den Schönheiten beiderlei Geschlechts unter ihren Vorfahren, die sich rühmten, ursprünglich, ja älter als der Mond zu sein.

Es sind ja noch jetzt ganze Völker, bei welchen die Schönheit so gar kein Vorzug ist, weil alles schön ist. Die Reisebeschreiber sagen dieses einhellig von den Georgianern, und ebendieses berichtet man von den Kabardinski, einer Nation in der krimischen Tartarei.

Die Krankheiten, welche so viel Schönheiten zerstören und die edelsten Bildungen verderben, waren den Griechen noch unbekannt. Es findet sich in den Schriften der griechischen Ärzte keine Spur von Blattern, und in keines Griechen angezeigter Bildung, welche man bei Homer oft nach den geringsten Zügen entworfen sieht, ist ein so unterscheidendes Kennzeichen, wie Blattergruben sind, angebracht worden. Die venerischen Übel und die Tochter derselben, die englische Krankheit, wüteten auch noch nicht wider die schöne Natur der Griechen. Überhaupt war alles, was von der Geburt bis zur Fülle des Wachstums zur Bildung der Körper, zur Bewahrung, zur Ausarbeitung und zur Zierde dieser Bildung durch Natur und Kunst eingeflößt und gelehrt worden, zum Vorteil der schönen Natur der alten Griechen gewirkt und angewendet, und kann die vorzügliche Schönheit ihrer Körper vor den unsrigen mit der größten Wahrscheinlichkeit zu behaupten Anlaß geben.

Die vollkommensten Geschöpfe der Natur aber würden in einem Lande, wo die Natur in vielen ihrer Wirkungen durch strengere Gesetze gehemmt war, wie in Ägypten, dem vorgegebenen Vaterlande der Künste und Wissenschaften, den Künstlern nur zum Teil und unvollkommen bekannt geworden sein. In Griechenland aber, wo man sich der Lust und Freude von Jugend auf weihte, wo ein gewisser heutiger bürgerlicher Wohlstand der Freiheit der Sitten niemals Eintrag getan, da zeigte sich die schöne Natur unverhüllt zum großen Unterrichte der Künstler.

Die Schule der Künstler war in den Gymnasien, wo die jungen Leute, welche die öffentliche Schamhaftigkeit bedeckte, ganz nackend ihre Leibesübungen trieben. Der Weise, der Künstler gingen dahin: Sokrates, den Charmides, den Autolycus, den Lysis zu lehren; ein Phidias, aus diesen schönen Geschöpfen seine Kunst zu bereichern. Man lernte daselbst Bewegungen der Muskeln, Wendungen des

Körpers; man studierte die Umrisse der Körper oder den Kontur an dem Abdrucke, den die jungen Ringer im Sande gemacht hatten.

Das schönste Nackende der Körper zeigt sich hier in so mannigfaltigen, wahrhaften und edlen Ständen und Stellungen, in die ein gedungenes Modell, welches in unseren Akademien aufgestellt wird, nicht zu setzen ist.

Die innere Empfindung bildet den Charakter der Wahrheit, und der Zeichner, welcher seinen Akademien denselben geben will, wird nicht einen Schatten des Wahren erhalten ohne eigene Ersetzung desjenigen, was eine ungerührte und gleichgültige Seele des Modells nicht empfindet, noch durch eine Aktion, die einer gewissen Empfindung oder Leidenschaft eigen ist, ausdrücken kann.

Der Eingang zu vielen Gesprächen des Plato, die er in den Gymnasien zu Athen ihren Anfang nehmen lassen, macht uns ein Bild von den edlen Seelen der Jugend und läßt uns auch hieraus auf gleichförmige Handlungen und Stellungen an diesen Orten und in ihren Leibesübungen schließen.

Die schönsten jungen Leute tanzten unbekleidet auf dem Theater, und Sophokles, der große Sophokles, war der erste, der in seiner Jugend dieses Schauspiel seinen Bürgern machte. Phryne badete sich in den eleusinischen Spielen vor den Augen aller Griechen und wurde beim Heraussteigen aus dem Wasser den Künstlern das Urbild einer Venus Anadyomene, und man weiß, daß die jungen Mädchen in Sparta an einem gewissen Feste ganz nackend vor den Augen der jungen Leute tanzten. Was hier fremd scheinen könnte, wird erträglicher werden, wenn man bedenkt, daß auch die Christen der ersten Kirche ohne die geringste Verhüllung, sowohl Männer als Weiber, zu gleicher Zeit und in einem und ebendemselben Taufsteine getauft oder untergetaucht worden sind.

Also war auch ein jedes Fest bei den Griechen eine Gelegenheit für Künstler, sich mit der schönen Natur aufs genaueste bekanntzumachen.

Die Menschlichkeit der Griechen hatte in ihrer blühenden Freiheit keine blutigen Schauspiele einführen wollen, oder wenn dergleichen in dem ionischen Asien, wie einige glauben, üblich gewesen, so waren sie seit geraumer Zeit wiederum eingestellt. Antiochus Epiphanes, König in Syrien, verschrieb Fechter von Rom und ließ die Griechen Schauspiele dieser unglücklichen Menschen sehen, die ihnen anfänglich ein Abscheu waren. Mit der Zeit verlor sich das menschliche Gefühl, und auch diese Schauspiele wurden Schulen der Künstler. Ein Ktesilas studierte hier seinen sterbenden Fechter, »an welchem man sehen konnte, wieviel von seiner Seele noch in ihm übrig war«.

Diese häufigen Gelegenheiten zur Beobachtung der Natur veranlaßten die griechischen Künstler, noch weiter zu gehen. Sie fingen an, sich gewisse allgemeine Begriffe von Schönheiten sowohl einzelner

Teile als ganzer Verhältnisse der Körper zu bilden, die sich über die Natur selbst erheben sollten; ihr Urbild war eine bloß im Verstande entworfene geistige Natur.

So bildete Raffael seine Galatea. Man sehe seinen Brief an den Grafen Baldasare Castiglione: »Da die Schönheiten«, schreibt er, »unter dem Frauenzimmer so selten sind, so bediene ich mich einer gewissen Idee in meiner Einbildung.«

Nach solchen über die gewöhnliche Form der Materie erhabenen Begriffen bildeten die Griechen Götter und Menschen. An Göttern und Göttinnen machte Stirn und Nase beinahe eine gerade Linie. Die Köpfe berühmter Frauen auf griechischen Münzen haben dergleichen Profil, wo es gleichwohl nicht willkürlich war, nach idealischen Begriffen zu arbeiten. Oder man könnte mutmaßen, daß diese Bildung den alten Griechen ebenso eigen gewesen, als es bei den Kalmücken die flachen Nasen, bei den Chinesen die kleinen Augen sind. Die großen Augen der griechischen Köpfe auf Steinen und Münzen könnten diese Mutmaßungen unterstützen.

Die römischen Kaiserinnen wurden von den Griechen auf ihren Münzen nach eben diesen Ideen gebildet. Der Kopf einer Livia und einer Agrippina hat ebendasselbe Profil, welches der Kopf einer Artemisia und einer Kleopatra hat.

Bei allen diesen bemerkt man, daß das von den Thebanern ihren Künstlern vorgeschriebene Gesetz, »die Natur bei Strafe aufs beste nachzuahmen«, auch von andern Künstlern in Griechenland als ein Gesetz beobachtet worden. Wo das sanfte griechische Profil ohne Nachteil der Ähnlichkeit nicht anzubringen war, folgten sie der Wahrheit der Natur, wie an dem schönen Kopf der Julia, Kaiser Titus' Tochter, von der Hand des Euodus, zu sehen ist.

Das Gesetz aber, »die Personen ähnlich und zu gleicher Zeit schöner zu machen«, war allezeit das höchste Gesetz, welches die griechischen Künstler über sich erkannten, und setzt notwendig eine Absicht des Meisters auf eine schönere und vollkommenere Natur voraus. Polygnot hat dasselbe beständig beobachtet.

Wenn also von einigen Künstlern berichtet wird, daß sie wie Praxiteles verfahren, welcher seine knidische Venus nach seiner Beischläferin Kratina gebildet, oder wie andere Maler, welche die Lais zum Modell der Grazien genommen, so glaube ich, sei es geschehen ohne Abweichung von gemeldeten allgemeinen großen Gesetzen der Kunst. Die sinnliche Schönheit gab dem Künstler die schöne Natur, die idealische Schönheit die erhabenen Züge; von jener nahm er das Menschliche, von dieser das Göttliche.

Hat jemand Erleuchtung genug, in das Innerste der Kunst hineinzuschauen, so wird er durch Vergleichung des ganzen übrigen Baues der griechischen Figuren mit den meisten neuern, sonderlich in welchen man mehr der Natur als dem alten Geschmacke gefolgt ist, vielmals noch wenig entdeckte Schönheiten finden.

In den meisten Figuren neuerer Meister sieht man an den Teilen des Körpers, welche zusammengedrückt sind, kleine, gar zu sehr bezeichnete Falten der Haut; dahingegen wo sich ebendieselben Falten in gleichgedrückte Teile griechischer Figuren legen, ein sanfter Schwung eine aus der andern wellenförmig erhebt, dergestalt, daß diese Falten nur ein Ganzes und zusammen nur einen edlen Druck zu machen scheinen. Diese Meisterstücke zeigen uns eine Haut, die nicht angespannt, sondern sanft gezogen ist über ein gesundes Fleisch, welches dieselbe ohne schwülstige Ausdehnung füllt und bei allen Beugungen der fleischigen Teile der Richtung derselben vereinigt folgt. Die Haut wirft niemals, wie an unsern Körpern, besondere und von dem Fleisch getrennte kleine Falten.

Ebenso unterscheiden sich die neuern Werke von den griechischen durch eine Menge kleiner Eindrücke und durch gar zu viele und gar zu sinnlich gemachte Grübchen, welche, wo sie sich in den Werken der Alten befinden, mit einer sparsamen Weisheit, nach der Masse derselben in der vollkommenern und völligern Natur unter den Griechen, sanft angedeutet und öfters nur durch ein gelehrtes Gefühl bemerkt werden.

Es bietet sich hier allezeit die Wahrscheinlichkeit von selbst dar, daß in der Bildung der schönen griechischen Körper, wie in den Werken ihrer Meister, mehr Einheit des ganzen Baues, eine edlere Verbindung der Teile, ein reicheres Maß der Fülle gewesen, ohne magere Spannungen und ohne viele eingefallene Höhlungen unserer Körper.

Man kann nicht weiter als bis zur Wahrscheinlichkeit gehen. Es verdient aber diese Wahrscheinlichkeit die Aufmerksamkeit unserer Künstler und Kenner der Kunst, und dieses um so viel mehr, da es notwendig ist, die Verehrung der Denkmale der Griechen von dem ihr von vielen beigemessenen Vorurteile zu befreien, um nicht zu scheinen, der Nachahmung derselben bloß durch den Moder der Zeit ein Verdienst beizulegen.

Dieser Punkt, über welchen die Stimmen der Künstler geteilt sind, erforderte eine ausführlichere Abhandlung, als in gegenwärtiger Absicht geschehen können.

Man weiß, daß der große Bernini einer von denen gewesen, die den Griechen den Vorzug einer teils schönern Natur, teils idealischen Schönheit ihrer Figuren hat streitig machen wollen. Er war außerdem der Meinung, daß die Natur allen ihren Teilen das erforderliche Schöne zu geben wisse; die Kunst bestehe darin, es zu finden. Er hat sich gerühmt, ein Vorurteil abgelegt zu haben, worin er in Ansehung des Reizes der Mediceischen Venus anfänglich gewesen, den er jedoch nach einem mühsamen Studium bei verschiedenen Gelegenheiten in der Natur wahrgenommen.

Also ist es die Venus gewesen, welche ihn Schönheiten in der Natur entdecken gelehrt, die er vorher allein in jener zu finden geglaubt hat und die er ohne die Venus nicht würde in der Natur gesucht haben. Folgt nicht daraus, daß die Schönheit der griechischen Statuen eher zu entdecken ist als die Schönheit in der Natur und daß also jene rührender, nicht so sehr zerstreut, sondern mehr in eins vereinigt, als es diese ist? Das Studium der Natur muß also wenigstens ein längerer und mühsamerer Weg zur Kenntnis des vollkommenen Schönen sein, als es das Studium der Antiken ist, und Bernini hätte jungen Künstlern, die er allezeit auf das Schönste in der Natur vorzüglich wies, nicht den kürzesten Weg dazu gezeigt.

Die Nachahmung des Schönen der Natur ist entweder auf einen einzelnen Vorwurf gerichtet, oder sie sammelt die Bemerkungen aus verschiedenen einzelnen und bringt sie in eins. Jenes heißt, eine ähnliche Kopie, ein Porträt machen; es ist der Weg zu holländischen Formen und Figuren. Dieses aber ist der Weg zum allgemeinen Schönen und zu idealischen Bildern desselben, und derselbe ist es, den die Griechen genommen haben. Der Unterschied aber zwischen ihnen und uns ist dieser: die Griechen erlangten diese Bilder, wären auch dieselben nicht von schönern Körpern genommen gewesen, durch eine tägliche Gelegenheit zur Beobachtung des Schönen der Natur, die sich uns hingegen nicht alle Tage zeigt, und selten so, wie sie der Künstler wünscht.

Unsere Natur wird nicht leicht einen so vollkommenen Körper zeigen, dergleichen der Antinous Admirandus hat, und die Idee wird sich über die mehr als menschlichen Verhältnisse einer schönen Gottheit in dem vatikanischen Apollo nichts bilden können. Was Natur, Geist und Kunst hervorzubringen vermögend gewesen, liegt hier vor Augen.

Ich glaube, ihre Nachahmung könne lehren, geschwinder klug zu werden, weil sie hier in dem einen den Inbegriff desjenigen findet, was in der ganzen Natur ausgeteilt ist, und in dem andern, wie weit die schönste Natur sich über sich selbst, kühn aber weislich, erheben kann. Sie wird lehren, mit Sicherheit zu denken und zu entwerfen, indem sie hier die höchsten Grenzen des menschlich und zugleich des göttlich Schönen bestimmt sieht.

Wenn der Künstler auf diesen Grund baut und sich die griechische Regel der Schönheit Hand und Sinne führen läßt, so ist er auf dem Wege, der ihn sicher zur Nachahmung der Natur führen wird. Die Begriffe des Ganzen, des Vollkommenen in der Natur des Altertums werden die Begriffe des Geteilten in unserer Natur bei ihm läutern und sinnlicher machen. Er wird bei Entdeckung der Schönheiten derselben diese mit dem vollkommenen Schönen zu verbinden wissen, und durch Hilfe der ihm beständig gegenwärtigen erhabenen Formen wird er sich selbst eine Regel werden.

Alsdann und nicht eher kann er, sonderlich der Maler, sich der Nachahmung der Natur überlassen in solchen Fällen, wo ihm die Kunst verstattet, von dem Marmor abzugehen, wie in Gewändern, und sich mehr Freiheit zu geben, wie Poussin getan; denn »derjenige, welcher beständig andern nachgeht, wird niemals vorauskommen, und welcher aus sich selbst nichts Gutes zu machen weiß, wird sich auch der Sachen von anderen nicht gut bedienen«, wie Michelangelo sagt.

Seelen, denen die Natur hold gewesen,

Quibus arte benigna
Et meliore luto finxit praecordia Titan,

haben hier den Weg vor sich offen, Originale zu werden.

In diesem Verstande ist es zu nehmen, wenn de Piles berichten will, daß Raffael zu der Zeit, da ihn der Tod übereilt, sich bestrebt habe, den Marmor zu verlassen und der Natur gänzlich nachzugehen. Der wahre Geschmack des Altertums würde ihn auch durch die gemeine Natur hindurch beständig begleitet haben, und alle Bemerkungen in derselben würden bei ihm durch eine Art einer chemischen Verwandlung dasjenige geworden sein, was sein Wesen, seine Seele ausmachte.

Er würde vielleicht mehr Mannigfaltigkeit, größere Gewänder, mehr Kolorit, mehr Licht und Schatten seinen Gemälden gegeben haben, aber seine Figuren würden dennoch allezeit weniger schätzbar hierdurch, als durch den edlen Kontur und durch die erhabene Seele, die er aus den Griechen hat bilden lernen, gewesen sein.

Nichts würde den Vorzug der Nachahmung der Alten vor der Nachahmung der Natur deutlicher zeigen können, als wenn man zwei junge Leute nähme von gleich schönem Talente und den einen das Altertum, den andern die bloße Natur studieren ließe. Dieser würde die Natur bilden, wie er sie findet. Als ein Italiener würde er Figuren malen vielleicht wie Caravaggio, als ein Niederländer, wenn er glücklich ist, wie Jacob Jordaens, als ein Franzose wie Stella; jener aber würde die Natur bilden, wie sie es verlangt, und Figuren malen wie Raffael.

Könnte auch die Nachahmung der Natur dem Künstler alles geben, so würde gewiß die Richtigkeit im Kontur durch sie nicht zu erhalten sein. Diese muß von den Griechen allein erlernt werden.

Der edelste Kontur vereinigt oder umschreibt alle Teile der schönsten Natur und der idealischen Schönheiten in den Figuren der Griechen, oder er ist vielmehr der höchste Begriff in beiden. Euphranor, der nach des Zeuxis Zeiten sich hervortat, wird für den ersten gehalten, der demselben die erhabenere Manier gegeben.

Viele unter den neueren Künstlern haben den griechischen Kontur nachzuahmen gesucht, und fast niemandem ist es gelungen. Der große Rubens ist weit entfernt von dem griechischen Umrisse der Körper, und in denjenigen unter seinen Werken, die er vor seiner Reise nach Italien und vor dem Studium der Antiken gemacht hat, am weitesten.

Die Linie, welche das Völlige der Natur von dem Überflüssigen derselben scheidet, ist sehr klein, und die größten neueren Meister sind über diese nicht allezeit greifliche Grenze auf beiden Seiten zu sehr abgewichen. Derjenige, welcher einen ausgehungerten Kontur vermeiden wollen, ist in die Schwulst verfallen, der diese vermeiden wollen, in das Magere.

Michelangelo ist vielleicht der einzige, von dem man sagen könnte, daß er das Altertum erreicht, aber nur in starken muskulösen Figuren, in Körpern aus der Heldenzeit, nicht in zärtlich jugendlichen, nicht in weiblichen Figuren, welche unter seiner Hand zu Amazonen geworden sind.

Der griechische Künstler hingegen hat seinen Kontur in allen Figuren wie auf die Spitze eines Haars gesetzt, auch in den feinsten und mühsamsten Arbeiten, dergleichen auf geschnittenen Steinen ist. Man betrachte den Diomedes und den Perseus des Dioskorides, den Herkules mit der Iole von der Hand des Teucer und bewundere die hier unnachahmlichen Griechen.

Parrhasius wird insgemein für den Stärksten im Kontur gehalten.

Auch unter den Gewändern der griechischen Figuren herrscht der meisterhafte Kontur, als die Hauptabsicht des Künstlers, der auch durch den Marmor hindurch den schönen Bau seines Körpers, wie durch ein koisches Kleid, zeigt.

Die im hohen Stile gearbeitete Agrippina und die drei Vestalen unter den Königlichen Antiken in Dresden verdienen hier als große Muster angeführt zu werden. Agrippina ist vermutlich nicht die Mutter des Nero, sondern die ältere Agrippina, eine Gemahlin des Germanicus. Sie hat sehr viel Ähnlichkeit mit einer vorgegebenen stehenden Statue ebendieser Agrippina in dem Vorsaale der Bibliothek zu San Marco in Venedig. Unsere ist eine sitzende Figur, größer als die Natur, mit auf die rechte Hand gestütztem Haupte. Ihr schönes Gesicht zeigt eine Seele, die in tiefe Betrachtungen versenkt und vor Sorgen und Kummer gegen alle äußeren Empfindungen fühllos scheint. Man könnte mutmaßen, der Künstler habe die Heldin in dem betrübten Augenblick vorstellen wollen, da ihr die Verweisung nach der Insel Pandataria war angekündigt worden.

Die drei Vestalen sind unter einem doppelten Titel verehrungswürdig. Sie sind die ersten großen Entdeckungen von Herculanum, allein, was sie noch schätzbarer macht, ist die große Manier in ihren Gewändern. In diesem Teile der Kunst sind sie alle drei, sonderlich aber diejenige, welche größer ist als die Natur, der Farnesischen Flora und anderen griechischen Werken vom ersten Range beizusetzen. Die zwei andern, groß wie die Natur, sind einander so ähnlich, daß sie von einer und ebenderselben Hand zu sein scheinen; sie unterscheiden sich allein durch die Köpfe, welche nicht von gleicher Güte sind. An dem besten Kopfe liegen die gekräuselten Haare nach Art der Furchen geteilt, von der Stirne an bis da, wo sie hinten zusammengebunden sind. An dem andern Kopfe gehen die Haare glatt über den Scheitel, und die vorderen gekräuselten Haare sind durch ein Band gesammelt und gebunden. Es ist glaublich, daß dieser Kopf durch eine neuere, wiewohl gute Hand gearbeitet und angesetzt worden.

Das Haupt dieser beiden Figuren ist mit keinem Schleier bedeckt, welches ihnen aber den Titel der Vestalen nicht streitig macht, da erweislich ist, daß sich auch anderwärts Priesterinnen der Vesta ohne Schleier finden. Oder es scheint vielmehr aus den starken Falten des Gewandes hinten am Halse, daß der Schleier, welcher kein abgesonderter Teil vom Gewande ist, wie an der größten Vestale zu sehen, hinten übergeschlagen liege.

Es verdient der Welt bekanntgemacht zu werden, daß diese drei göttlichen Stücke die ersten Spuren gezeigt zur nachfolgenden Entdeckung der unterirdischen Schätze von der Stadt Herculanum.

Sie kamen an das Tageslicht, da noch das Andenken derselben gleichsam unter der Vergessenheit, so wie die Stadt selbst unter ihren eigenen Ruinen, vergraben und verschüttet lag, zu der Zeit, da das traurige Schicksal, welches diesen Ort betroffen, nur fast noch allein durch des jüngern Plinius Nachricht von dem Ende seines Vetters, welches ihn in der Verwüstung von Herculanum zugleich mit übereilte, bekannt war.

Diese großen Meisterstücke der griechischen Kunst wurden schon unter den deutschen Himmel versetzt und daselbst verehrt, da Neapel noch nicht das Glück hatte, ein einziges herculanisches Denkmal, soviel man erfahren können, aufzuweisen.

Sie wurden im Jahr 1706 in Portici bei Neapel in einem verschütteten Gewölbe gefunden, da man den Grund grub zu einem Landhause des Prinzen von Elbeuf, und sie kamen unmittelbar hernach, nebst andern daselbst entdeckten Statuen in Marmor und Erz, in den Besitz des Prinzen Eugen nach Wien.

Dieser große Kenner der Künste, um einen vorzüglichen Ort zu haben, wo dieselben könnten aufgestellt werden, hat vornehmlich für diese drei Figuren eine Sala terrena bauen lassen, wo sie nebst einigen andern Statuen ihren Platz bekommen haben. Die ganze Akademie und alle Künstler in Wien waren gleichsam in Empörung, da man nur noch ganz dunkel von derselben Verkauf sprach, und ein jeder sah denselben mit betrübten Augen nach, als sie von Wien nach Dresden fortgeführt wurden.

Der berühmte Matielli, dem Polyklet das Maß und Phidias das Eisen gab (Algarotti), hat, ehe noch dieses geschah, alle drei Vestalen mit dem mühsamsten Fleiße in Ton kopiert, um sich den Verlust derselben dadurch zu ersetzen. Er folgte ihnen einige Jahre hernach und erfüllte Dresden mit ewigen Werken seiner Kunst, aber seine Priesterinnen blieben auch hier sein Studium in der Draperie, worin seine Stärke bestand bis in sein Alter, welches zugleich ein nicht ungegründetes Vorurteil ihrer Trefflichkeit ist.

Unter dem Wort Draperie begreift man alles, was die Kunst von Bekleidung des Nackenden der Figuren und von gebrochenen Gewändern lehrt. Diese Wissenschaft ist nach der schönen Natur und nach dem edlen Kontur der dritte Vorzug der Werke des Altertums.

Die Draperie der Vestalen ist in der höchsten Manier. Die kleinen Brüche entstehen durch einen sanften Schwung aus den größten Partien und verlieren sich wieder in diesen mit einer edlen Freiheit und sanften Harmonie des Ganzen, ohne den schönen Kontur des Nackenden zu verstecken. Wie wenig neuere Meister sind in diesem Teile der Kunst ohne Tadel!

Diese Gerechtigkeit aber muß man einigen großen Künstlern, sonderlich Malern neuerer Zeiten, widerfahren lassen, daß sie in gewissen Fällen von dem Wege, den die griechischen Meister in Bekleidung ihrer Figuren am gewöhnlichsten gehalten haben, ohne Nachteil der Natur und Wahrheit abgegangen sind. Die griechische Draperie ist meistenteils nach dünnen und nassen Gewändern gearbeitet, die sich folglich, wie Künstler wissen, dicht an die Haut und an den Körper schließen und das Nackende desselben sehen lassen. Das ganze oberste Gewand des griechischen Frauenzimmers war ein sehr dünnes Zeug; es hieß daher Peplon, ein Schleier.

Daß die Alten nicht allezeit fein gebrochene Gewänder gemacht haben, zeigen die erhobenen Arbeiten derselben, die alten Malereien und sonderlich die alten Brustbilder. Der schöne Caracalla unter den Königlichen Antiken in Dresden kann dieses bestätigen.

In den neuern Zeiten hat man ein Gewand über das andere, und zuweilen schwere Gewänder, zu legen gehabt, die nicht in so sanfte und fließende Brüche, wie der Alten ihre sind, fallen können. Dieses gab folglich Anlaß zu der neuen Manier der großen Partien in Gewändern, in welcher der Meister seine Wissenschaft nicht weniger als in der gewöhnlichen Manier der Alten zeigen kann.

Carl Maratta und Franz Solimena können in dieser Art für die Größten gehalten werden. Die neue venezianische Schule, welche noch weiter zu gehen gesucht, hat diese Manier übertrieben, und indem sie nichts als große Partien gesucht, sind ihre Gewänder dadurch steif und blechern worden.

Das allgemeine vorzügliche Kennzeichen der griechischen Meisterstücke ist endlich eine edle Einfalt und eine stille Größe, sowohl in der Stellung als im Ausdruck. So wie die Tiefe des Meeres allezeit ruhig bleibt, die Oberfläche mag noch so wüten, ebenso zeigt der Ausdruck in den Figuren der Griechen bei allen Leidenschaften eine große und gesetzte Seele. Diese Seele schildert sich in dem Gesichte des Laokoon, und nicht in dem Gesichte allein, bei dem heftigsten Leiden. Der Schmerz, welcher sich in allen Muskeln und Sehnen des Körpers entdeckt und den man ganz allein, ohne das Gesicht und andere Teile zu betrachten, an dem schmerzlich eingezogenen Unterleibe beinahe selbst zu empfinden glaubt, dieser Schmerz, sage ich, äußert sich dennoch mit keiner Wut in dem Gesichte und in der ganzen Stellung. Er erhebt kein schreckliches Geschrei, wie Virgil von seinem Laokoon singt. Die Öffnung des Mundes gestattet es nicht; es ist vielmehr ein ängstliches und beklemmtes Seufzen, wie es Sadolet beschreibt. Der Schmerz des Körpers und die Größe der Seele sind durch den ganzen Bau der Figur mit gleicher Stärke ausgeteilt und gleichsam abgewogen. Laokoon leidet, aber er leidet wie des Sophokles Philoktetes: sein Elend geht uns bis an die Seele, aber wir wünschten, wie dieser große Mann das Elend ertragen zu können.

Der Ausdruck einer so großen Seele geht weit über die Bildung der schönen Natur: der Künstler mußte die Stärke des Geistes in sich selbst fühlen, welche er seinem Marmor einprägte. Griechenland hatte Künstler und Weltweise in einer Person und mehr als einen Metrodor. Die Weisheit reichte der Kunst die Hand und blies den Figuren derselben mehr als gemeine Seelen ein.

Unter einem Gewande, welches der Künstler dem Laokoon als einem Priester hätte geben sollen, würde uns sein Schmerz nur halb so sinnlich gewesen sein. Bernini hat sogar den Anfang der Wirkung des Gifts der Schlange in dem einen Schenkel des Laokoon an der Erstarrung desselben entdecken wollen.

Alle Handlungen und Stellungen der griechischen Figuren, die mit diesem Charakter der Weisheit nicht bezeichnet, sondern gar zu feurig und wild waren, verfielen in einen Fehler, den die alten Künstler »Parenthyrsis« nannten.

Je ruhiger der Stand des Körpers ist, desto geschickter ist er, den wahren Charakter der Seele zu schildern. In allen Stellungen, die von dem Stande der Ruhe zu sehr abweichen, befindet sich die Seele nicht in dem Zustande, der ihr der eigentlichste ist, sondern in einem gewaltsamen und erzwungenen Zustande. Kenntlicher und bezeichnender wird die Seele in heftigen Leidenschaften, groß aber und edel ist sie in dem Stande der Einheit, in dem Stande der Ruhe. Im Laokoon würde der Schmerz, allein gebildet, Parenthyrsis gewesen sein; der Künstler gab ihm daher, um das Bezeichnende und das Edle der Seele in eins zu vereinigen, eine Aktion, die dem Stande der Ruhe in solchem Schmerze der nächste war. Aber in dieser Ruhe muß die Seele durch Züge, die ihr und keiner andern Seele eigen sind, bezeichnet werden, um sie ruhig, aber zugleich wirksam, stille, aber nicht gleichgültig oder schläfrig zu bilden.

Das wahre Gegenteil und das diesem entgegenstehende äußerste Ende ist der gemeinste Geschmack der heutigen, sonderlich [der] angehenden Künstler. Ihren Beifall verdient nichts, als worin ungewöhnliche Stellungen und Handlungen, die ein freches Feuer begleitet, herrschen, welches sie mit Geist, mit Franchezza, wie sie reden, ausgeführt heißen. Der Liebling ihrer Begriffe ist der Kontrapost, der bei ihnen der Inbegriff aller selbst gebildeten Eigenschaften eines vollkommenen Werks der Kunst ist. Sie verlangen eine Seele in ihren Figuren, die wie ein Komet aus ihrem Kreise weicht; sie wünschen in jeder Figur einen Ajax und einen Capaneus zu sehen.

Die schönen Künste haben ihre Jugend sowohl wie die Menschen, und der Anfang dieser Künste scheint wie der Anfang bei Künstlern gewesen zu sein, wo nur das Hochtrabende, das Erstaunende gefällt. Solche Gestalt hatte die tragische Muse des Äschylus, und sein Agamemnon ist zum Teil durch Hyperbolen viel dunkler geworden als alles, was Heraklit geschrieben. Vielleicht haben die ersten griechischen Maler nicht anders gezeichnet, als ihr erster guter Tragikus gedichtet hat.

Das Heftige, das Flüchtige geht in allen menschlichen Handlungen voran; das Gesetzte, das Gründliche folgt zuletzt. Dieses letztere aber gebraucht Zeit, es zu bewundern; es ist nur großen Meistern eigen; heftige Leidenschaften sind ein Vorteil auch für ihre Schüler.

Die Weisen in der Kunst wissen, wie schwer dieses scheinbare Nachahmliche ist,

... ut sibi quivis
Speret idem, sudet multum, frustraque laboret
Ausus idem.

La Fage, der große Zeichner, hat den Geschmack der Alten nicht erreichen können. Alles ist in Bewegung in seinen Werken, und man wird in der Betrachtung derselben geteilt und zerstreut, wie in einer Gesellschaft, wo alle Personen zugleich reden wollen.

Die edle Einfalt und stille Größe der griechischen Statuen ist zugleich das wahre Kennzeichen der griechischen Schriften aus den besten Zeiten, der Schriften aus Sokrates' Schule, und diese Eigenschaften sind es, welche die vorzügliche Größe eines Raffael machen, zu welcher er durch die Nachahmung der Alten gelangt ist.

Eine so schöne Seele, wie die seinige war, in einem so schönen Körper wurde erfordert, den wahren Charakter der Alten in neueren Zeiten zuerst zu empfinden und zu entdecken, und was sein größtes

Glück war, schon in einem Alter, in welchem gemeine und halbgeformte Seelen über die wahre Größe ohne Empfindung bleiben.

Mit einem Auge, welches diese Schönheiten empfinden gelernt, mit diesem wahren Geschmacke des Altertums muß man sich seinen Werken nähern. Alsdann wird uns die Ruhe und Stille der Hauptfiguren in Raffaels Attila, welche vielen leblos scheinen, sehr bedeutend und erhaben sein. Der römische Bischof, der das Vorhaben des Königs der Hunnen, auf Rom loszugehen, abwendet, erscheint nicht mit Gebärden und Bewegungen eines Redners, sondern als ein ehrwürdiger Mann, der bloß durch seine Gegenwart einen Aufruhr stillt, wie derjenige, den uns Virgil beschreibt,

> Tum pietate gravem ac meritis si forte virum quem
> Conspexere, silent arrectisque auribus adstand,

mit einem Gesichte voll göttlicher Zuversicht vor den Augen des Wüterichs. Die beiden Apostel schweben nicht wie Würgeengel in den Wolken, sondern, wenn es erlaubt ist, das Heilige mit dem Unheiligen zu vergleichen, wie Homers Jupiter, der durch das Winken seiner Augenlider den Olympus erschüttern macht.

Algardi, in seiner berühmten Vorstellung ebendieser Geschichte, in halb erhobener Arbeit an einem Altar der St. Peterskirche in Rom, hat die wirksame Stille seines großen Vorgängers den Figuren seiner beiden Apostel nicht gegeben oder zu geben verstanden. Dort erscheinen sie wie Gesandte des Herrn der Heerscharen, hier wie sterbliche Krieger mit menschlichen Waffen.

Wie wenig Kenner hat der schöne St. Michael des Guido Reni in der Kapuzinerkirche zu Rom gefunden, welche die Größe des Ausdrucks, die der Künstler seinem Erzengel gegeben, einzusehen vermögend gewesen! Man gibt des Conca seinem Michael den Preis vor jenem, weil er Unwillen und Rache im Gesichte zeigt, anstatt daß jener, nachdem er den Feind Gottes und der Menschen gestürzt, ohne Erbitterung mit einer heiteren und ungerührten Miene über ihm schwebt.

Ebenso ruhig und stille malt der englische Dichter den rächenden Engel, der über Britannien schwebt, mit welchem er den Helden seines Feldzugs, den Sieger bei Blenheim, vergleicht.

Die Königliche Galerie der Schildereien in Dresden enthält nunmehr unter ihren Schätzen ein würdiges Werk von Raffaels Hand, und zwar von seiner besten Zeit, wie Vasari und andere mehr bezeugen. Eine Madonna mit dem Kinde, dem h. Sixtus und der h. Barbara, kniend auf beiden Seiten, nebst zwei Engeln im Vordergrunde.

Es war dieses Bild das Hauptaltarblatt des Klosters St. Sixti in Piacenza. Liebhaber und Kenner der Kunst gingen dahin, um diesen

Raffael zu sehen, so wie man nur allein nach Thespiä reiste, den schönen Cupido von der Hand des Praxiteles daselbst zu betrachten.

Seht die Madonna, mit einem Gesichte voll Unschuld und zugleich einer mehr als weiblichen Größe, in einer selig ruhigen Stellung, in derjenigen Stille, welche die Alten in den Bildern ihrer Gottheiten herrschen ließen. Wie groß und edel ist ihr ganzer Kontur!

Das Kind auf ihren Armen ist ein Kind, über gemeine Kinder erhaben durch ein Gesicht, aus welchem ein Strahl der Gottheit durch die Unschuld der Kindheit hervorzuleuchten scheint.

Die Heilige unter ihr kniet ihr zur Seite in einer anbetenden Stille ihrer Seele, aber weit unter der Majestät der Hauptfigur, welche Erniedrigung der große Meister durch den sanften Reiz in ihrem Gesichte er setzt hat.

Der Heilige dieser Figur gegenüber ist der ehrwürdigste Alte, mit Gesichtszügen, die von seiner Gott geweihten Jugend zu zeugen scheinen.

Die Ehrfurcht der h. Barbara gegen die Madonna, welche durch ihre an die Brust gedrückten schönen Hände sinnlicher und rührender gemacht ist, hilft bei dem Heiligen die Bewegung seiner einen Hand ausdrücken. Ebendiese Aktion malt uns die Entzückung des Heiligen, welche der Künstler zu mehrerer Mannigfaltigkeit, weislicher der männlichen Stärke als der weiblichen Züchtigkeit, [hat] geben wollen.

Die Zeit hat allerdings vieles von dem scheinbaren Glanze dieses Gemäldes geraubt, und die Kraft der Farben ist zum Teil ausgewittert, allein die Seele, welche der Schöpfer dem Werke seiner Hände eingeblasen, belebt es noch jetzt.

Alle diejenigen, welche zu diesem und andern Werken Raffaels treten, in der Hoffnung, die kleinen Schönheiten anzutreffen, die den Arbeiten der niederländischen Maler einen so hohen Preis geben, den mühsamen Fleiß eines Netscher oder eines Dou, das elfenbeinerne Fleisch eines van der Werff oder auch die geleckte Manier einiger von Raffaels Landsleuten unserer Zeit, diese, sage ich, werden den großen Raffael in dem Raffael vergebens suchen.

Nach dem Studium der schönen Natur, des Konturs, der Draperie und der edlen Einfalt und stillen Größe in den Werken griechischer Meister wäre die Nachforschung über ihre Art zu arbeiten ein nötiges Augenmerk der Künstler, um in der Nachahmung derselben glücklicher zu sein.

Es ist bekannt, daß sie ihre ersten Modelle meistenteils in Wachs gemacht haben; die neuern Meister aber haben anstatt dessen Ton oder dergleichen geschmeidige Massen gewählt. Sie fanden dieselben, sonderlich um das Fleisch auszudrücken, geschickter als das Wachs, welches ihnen hierzu gar zu klebrig und zähe schien.

Man will unterdessen nicht behaupten, daß die Art, in nassen Ton zu bilden, den Griechen unbekannt oder nicht üblich bei ihnen gewesen. Man weiß sogar den Namen desjenigen, welcher den ersten Versuch hierin gemacht hat. Dibutades von Sikyon ist der erste Meister einer Figur in Ton, und Arcesilaus, der Freund des großen Lucullus, ist mehr durch seine Modelle in Ton als durch seine Werke selbst berühmt worden. Er machte für den Lucullus eine Figur in Ton, welche die Glückseligkeit vorstellte, die dieser mit 60 000 Sesterzen erhandelt hatte, und der Ritter Octavius gab ebendiesem Künstler ein Talent für ein bloßes Modell in Gips zu einer großen Tasse, die jener wollte in Gold arbeiten lassen.

Der Ton wäre die geschickteste Materie, Figuren zu bilden, wenn er seine Feuchtigkeit behielte. Da ihm aber diese entgeht, wenn er trocken und gebrannt wird, so werden folglich die festeren Teile desselben näher zusammentreten, und die Figur wird an ihrer Masse verlieren und einen engeren Raum einnehmen. Litte die Figur diese Verminderung in gleichem Grade in allen ihren Punkten und Teilen, so bliebe ebendasselbe, obgleich verminderte Verhältnis. Die kleinen Teile derselben aber werden geschwinder trocken als die größeren, und der Leib der Figur, als der stärkste Teil, am spätesten; und jenen wird also in gleicher Zeit mehr an ihrer Masse fehlen als diesem.

Das Wachs hat diese Unbequemlichkeit nicht; es verschwindet nichts davon, und es kann demselben die Glätte des Fleisches, die es im Poussieren nicht ohne große Mühe annehmen will, durch einen andern Weg gegeben werden.

Man macht sein Modell von Ton; man formt es in Gips und gießt es alsdann in Wachs.

Die eigentliche Art der Griechen aber, nach ihren Modellen in Marmor zu arbeiten, scheint nicht diejenige gewesen zu sein, welche unter den meisten heutigen Künstlern üblich ist. In dem Marmor der Alten entdeckt sich allenthalben die Gewißheit und Zuversicht des Meisters, und man wird auch in ihren Werken von niedrigem Range nicht leicht dartun können, daß irgendwo etwas zuviel weggehauen worden. Diese sichere und richtige Hand der Griechen muß durch bestimmtere und zuverlässigere Regeln, als bei uns gebräuchlich sind, notwendig geführt worden sein.

Der gewöhnliche Weg unserer Bildhauer ist, über ihre Modelle, nachdem sie dieselben wohl ausstudiert und aufs beste geformt haben, Horizontal- und Perpendikularlinien zu ziehen, die folglich einander durchschneiden. Alsdann verfahren sie, wie man ein Gemälde durch ein Gitter verjüngt und vergrößert, und ebensoviel einander durchschneidende Linien werden auf den Stein getragen.

Es zeigt also ein jedes kleine Viereck des Modells seine Flächenmaße auf jedes große Viereck des Steins an. Allein weil dadurch nicht der körperliche Inhalt bestimmt werden kann, folglich auch weder der rechte Grad der Erhöhung und Vertiefung des Modells hier gar genau zu beschreiben ist, so wird der Künstler zwar seiner künftigen

Figur ein gewisses Verhältnis des Modells geben können, aber da er sich nur der Kenntnis seines Auges überlassen muß, so wird er beständig zweifelhaft bleiben, ob er zu tief oder zu flach nach seinem Entwurf gearbeitet, ob er zuviel oder zuwenig Masse weggenommen.

Er kann auch weder den äußeren Umriß, noch denjenigen, welcher die inneren Teile des Modells, oder diejenigen, welche gegen die Mitte zu gehen, oft nur wie mit einem Hauch anzeigt, durch solche Linien bestimmen, durch die er ganz untrüglich und ohne die geringste Abweichung ebendieselben Umrisse auf seinen Stein entwerfen könnte.

Hierzu kommt, daß in einer weitläufigen Arbeit, welche der Bildhauer allein nicht bestreiten kann, er sich der Hand seiner Gehilfen bedienen muß, die nicht allezeit geschickt sind, die Absichten von jenem zu erreichen. Geschieht es, daß einmal etwas verhauen ist, weil unmöglich nach dieser Art Grenzen der Tiefen können gesetzt werden, so ist der Fehler unersetzlich.

Überhaupt ist hier zu merken, daß derjenige Bildhauer, der schon bei der ersten Bearbeitung seines Steins seine Tiefen bohrt, so weit als sie reichen sollen, und dieselben nicht nach und nach sucht, so, daß sie durch die letzte Hand allererst ihre gesetzte Höhlung erhalten, daß dieser, sage ich, niemals wird sein Werk von Fehlern reinigen können.

Es findet sich auch hier dieser Hauptmangel, daß die auf den Stein getragenen Linien alle Augenblicke weggehauen und ebensooft, nicht ohne Besorgnis der Abweichung, von neuem müssen gezogen und ergänzt werden.

Die Ungewißheit, nach dieser Art, nötigte also die Künstler, einen sicherern Weg zu suchen, und derjenige, welchen die französische Akademie in Rom erfunden und zum Kopieren der alten Statuen zuerst gebraucht hat, wurde von vielen, auch im Arbeiten nach Modellen, angenommen.

Man befestigt nämlich über einer Statue, die man kopieren will, nach dem Verhältnis derselben ein Viereck, von welchem man nach gleich eingeteilten Graden Bleifäden herunterfallen läßt. Durch diese Fäden werden die äußersten Punkte der Figur deutlicher bezeichnet, als in der ersten Art durch Linien auf der Fläche, wo ein jeder Punkt der äußerste ist, geschehen konnte. Sie geben auch dem Künstler ein sinnlicheres Maß von einigen der stärksten Erhöhungen und Vertiefungen durch die Grade ihrer Entfernung von Teilen, welche sie decken, und er kann durch Hilfe derselben etwas herzhafter gehen.

Da aber der Schwung einer krummen Linie durch eine einzige gerade Linie nicht genau zu bestimmen ist, so werden ebenfalls die Umrisse der Figur durch diesen Weg sehr zweifelhaft für den Künstler angedeutet, und in geringen Abweichungen von ihrer

Hauptfläche wird sich derselbe alle Augenblicke ohne Leitfaden und ohne Hilfe sehen.

Es ist sehr begreiflich, daß in dieser Manier auch das wahre Verhältnis der Figuren schwer zu finden ist. Man sucht dieselben durch Horizontallinien, welche die Bleifäden durchschneiden. Die Lichtstrahlen aber aus den Vierecken, die diese von der Figur abstehenden Linien machen, werden unter einem desto größeren Winkel ins Auge fallen, folglich größer erscheinen, je höher oder tiefer sie unserem Sehpunkte sind.

Zum Kopieren der Antiken, mit denen man nicht nach Gefallen umgehen kann, behalten die Bleifäden noch bis jetzt ihren Wert, und man hat diese Arbeit noch nicht leichter und sicherer machen können; aber im Arbeiten nach einem Modell ist dieser Weg aus angezeigten Gründen nicht bestimmt genug.

Michelangelo hat einen vor ihm unbekannten Weg genommen, und man muß sich wundern, da ihn die Bildhauer als ihren großen Meister verehren, daß vielleicht niemand unter ihnen sein Nachfolger geworden ist.

Dieser Phidias neuerer Zeiten, und der größte nach den Griechen, ist, wie man vermuten könnte, auf die wahre Spur seiner großen Lehrer gekommen, wenigstens ist kein anderes Mittel der Welt bekannt geworden, alle möglichen sinnlichen Teile und Schönheiten des Modells auf die Figur selbst hinüberzutragen und auszudrücken.

Vasari hat die Erfindung desselben etwas unvollkommen beschrieben. Der Begriff nach dessen Bericht ist folgender:

Michelangelo nahm ein Gefäß mit Wasser, in welches er sein Modell von Wachs oder von einer harten Materie legte. Er erhöhte dasselbe allmählich bis zur Oberfläche des Wassers. Also entdeckten sich zuerst die erhobenen Teile, und die vertieften waren bedeckt, bis endlich das ganze Modell bloß und außer dem Wasser lag. Auf eben die Art, sagt Vasari, arbeitete Michelangelo seinen Marmor; er deutete zuerst die erhobenen Teile an und nach und nach die tieferen.

Es scheint, Vasari habe entweder von der Manier seines Freundes nicht den deutlichsten Begriff gehabt, oder die Nachlässigkeit in seiner Erzählung verursacht, daß man sich dieselbe etwas verschieden von dem, was er berichtet, vorstellen muß.

Die Form des Wassergefäßes ist hier nicht deutlich genug bestimmt. Die nach und nach geschehene Erhebung seines Modells aus dem Wasser von unten auf würde sehr mühsam sein und setzt viel mehr voraus, als uns der Geschichtsschreiber der Künstler hat wollen wissen lassen.

Man kann überzeugt sein, daß Michelangelo diesen von ihm erfundenen Weg werde aufs möglichste ausstudiert und sich bequem gemacht haben. Er ist aller Wahrscheinlichkeit nach folgendergestalt verfahren:

Der Künstler nahm ein Gefäß nach der Form der Masse zu seiner Figur, die wir ein langes Viereck setzen wollen. Er bezeichnete die Oberfläche der Seiten dieses viereckigen Kastens mit gewissen Abteilungen, die er nach einem vergrößerten Maßstabe auf seinen Stein hinübertrug, und außerdem bemerkte er die inwendigen Seiten desselben von oben bis auf den Grund mit gewissen Graden. In den Kasten legte er sein Modell von schwerer Materie oder befestigte es an dem Boden, wenn es von Wachs war. Er bespannte etwa den Kasten mit einem Gitter nach den gemachten Abteilungen, nach welchen er Linien auf seinen Stein zeichnete und vermutlich unmittelbar hernach seine Figur. Auf das Modell goß er Wasser, bis es an die äußersten Punkte der erhobenen Teile reichte, und nachdem er denjenigen Teil bemerkt hatte, der auf seiner gezeichneten Figur erhoben werden mußte, ließ er ein gewisses Maß Wasser ab, um den erhobenen Teil des Modells etwas weiter hervorgehen zu lassen, und fing alsdann an, diesen Teil zu bearbeiten, nach dem Maße der Grade, wie er sich entdeckte. War zu gleicher Zeit ein anderer Teil seines Modells sichtbar geworden, so wurde er auch, soweit er bloß war, bearbeitet, und so verfuhr er mit allen erhobenen Teilen.

Es wurde mehr Wasser abgelassen, bis auch die Vertiefungen hervorlagen. Die Grade des Kastens zeigten ihm allemal die Höhe des gefallenen Wassers und die Fläche des Wassers die äußerste Grundlinie der Tiefen an. Ebensoviel Grade auf seinem Steine waren seine wahren Maße.

Das Wasser beschrieb ihm nicht allein die Höhen und Tiefen, sondern auch den Kontur seines Modells, und der Raum von den inneren Seiten des Kastens bis an den Umriß der Linie des Wassers, dessen Größe die Grade der anderen zwei Seiten gaben, war in jedem Punkte das Maß, wieviel er von seinem Steine wegnehmen konnte.

Sein Werk hatte nunmehr die erste, aber richtige Form erhalten. Die Fläche des Wassers hatte ihm eine Linie beschrieben, von welcher die äußersten Punkte der Erhobenheiten Teile sind. Diese Linie war mit dem Falle des Wassers in seinem Gefäße gleichfalls waagerecht fortgerückt, und der Künstler war dieser Bewegung mit seinem Eisen gefolgt, bis dahin, wo ihm das Wasser den niedrigsten Abhang der erhobenen Teile, der mit den Flächen zusammenfließt, bloß zeigte. Er war also mit jedem verjüngten Grade in dem Kasten seines Modells einen gleichgesetzten größeren Grad auf seiner Figur fortgegangen, und auf diese Art hatte ihn die Linie des Wassers bis über den äußersten Kontur in seiner

Arbeit geführt, so daß das Modell nunmehr vom Wasser entblößt lag.

Seine Figur verlangte die schöne Form. Er goß von neuem Wasser auf sein Modell, bis zu einer ihm dienlichen Höhe, und alsdann zählte er die Grade des Kastens bis auf die Linie, welche das Wasser beschrieb, wodurch er die Höhe des erhobenen Teils ersah. Auf ebendenselben erhobenen Teil seiner Figur legte er sein Richtscheit vollkommen waagerecht, und von der untersten Linie desselben nahm er die Maße bis auf die Vertiefung. Fand er eine gleiche Anzahl verjüngter und größerer Grade, so war dieses eine Art geometrischer Berechnung des Inhalts, und er erhielt den Beweis, daß er richtig verfahren war.

Bei der Wiederholung seiner Arbeit suchte er den Druck und die Bewegung der Muskeln und Sehnen, den Schwung der übrigen kleinen Teile und das Feinste der Kunst in seinem Modelle auch in seiner Figur auszuführen. Das Wasser, welches sich auch an die unmerklichsten Teile legte, zog den Schwung derselben aufs schärfste nach und beschrieb ihm mit der richtigsten Linie den Kontur derselben.

Dieser Weg verhindert nicht, dem Modelle alle möglichen Lagen zu geben. Ins Profil gelegt, wird es dem Künstler vollends entdecken, was er übersehen hat. Es wird ihm auch den äußeren Kontur seiner erhobenen und seiner inneren Teile und den ganzen Durchschnitt zeigen.

Alles dieses und die Hoffnung eines guten Erfolgs der Arbeit setzt ein Modell voraus, welches mit Händen der Kunst nach dem wahren Geschmacke des Altertums gebildet worden.

Dieses ist die Bahn, auf welcher Michelangelo bis zu Unsterblichkeit gelangt ist. Sein Ruf und seine Belohnungen erlaubten ihm Muße, mit solcher Sorgfalt zu arbeiten.

Ein Künstler unserer Zeiten, dem Natur und Fleiß Gaben verliehen, höher zu steigen, und welcher Wahrheit und Richtigkeit in dieser Manier findet, sieht sich genötigt, mehr nach Brot als nach Ehre zu arbeiten. Er bleibt also in dem ihm üblichen Gleise, worin er eine größere Fertigkeit zu zeigen glaubt, und fährt fort, sein durch langwierige Übung erlangtes Augenmaß zu seiner Regel zu nehmen.

Dieses Augenmaß, welches ihn vornehmlich führen muß, ist endlich durch praktische Wege, die zum Teil sehr zweifelhaft sind, ziemlich entscheidend geworden. Wie fein und zuverlässig würde er es gemacht haben, wenn er es von Jugend auf nach untrüglichen Regeln gebildet hätte?

Würden angehende Künstler, bei der ersten Anführung, in Ton oder in andere Materie zu arbeiten, nach dieser sichern Manier des Michelangelo angewiesen, die dieser nach langem Forschen gefunden, so könnten sie hoffen, so nahe wie er den Griechen zu kommen.

Alles, was zum Preise der griechischen Werke in der Bildhauerkunst kann gesagt werden, sollte nach aller Wahrscheinlichkeit auch von der Malerei der Griechen gelten. Die Zeit aber und die Wut der Menschen hat uns die Mittel geraubt, einen unumstößlichen Ausspruch darüber zu tun.

Man gesteht den griechischen Malern Zeichnung und Ausdruck zu, und das ist alles; Perspektive, Komposition und Kolorit spricht man ihnen ab. Dieses Urteil gründet sich teils auf halb erhobene Arbeiten, teils auf die entdeckten Malereien der Alten (der Griechen kann man nicht sagen) in und bei Rom, in unterirdischen Gewölben der Paläste des Mäcenas, des Titus, Trajans und der Antoninen, von welchen nicht viel über dreißig bis jetzt ganz erhalten worden, und einige sind nur in mosaischer Arbeit.

Turnbull hat seinem Werke von der alten Malerei eine Sammlung der bekanntesten Stücke, von Camillo Paderni gezeichnet und von Mynde gestochen, beigefügt, welche dem prächtigen und gemißbrauchten Papier seines Buchs den einzigen Wert geben. Unter denselben sind zwei, wovon die Originale selbst in dem Kabinett des berühmten Arztes Richard Meads in London sind.

Daß Poussin nach der sogenannten Aldobrandinischen Hochzeit studiert, daß sich noch Zeichnungen finden, die Annibale Carracci nach dem vorgegebenen Marcus Coriolanus gemacht, und daß man eine große Gleichheit unter den Köpfen in [des] Guido Reni Werken und unter den Köpfen auf der bekannten mosaischen Entführung der Europa hat finden wollen, ist bereits von andern bemerkt.

Wenn dergleichen Freskogemälde ein gegründetes Urteil von der Malerei der Alten geben könnte, so würde man den Künstlern unter ihnen aus Überbleibseln von dieser Art auch die Zeichnung und den Ausdruck streitig machen wollen.

Die von den Wänden des herculanischen Theaters mitsamt der Mauer versetzten Malereien mit Figuren in Lebensgröße geben uns, wie man versichert, einen schlechten Begriff davon. Der Theseus, als ein Überwinder des Minotauren, wie ihm die jungen Athenienser die Hände küssen und seine Knie umfassen, die Flora nebst dem Herkules und einem Faun, der vorgegebene Gerichtsspruch des Dezemvirs Appius Claudius sind nach dem Augenzeugnis eines Künstlers zum Teil mittelmäßig und zum Teil fehlerhaft gezeichnet. In den meisten Köpfen ist, wie man versichert, nicht allein kein Ausdruck, sondern in dem Appius Claudius sind auch keine guten Charaktere.

Aber eben dieses beweist, daß es Malereien von der Hand sehr mittelmäßiger Meister sind, da die Wissenschaft der schönen Verhältnisse, der Umrisse der Körper und des Ausdrucks bei griechischen Bildhauern auch ihren guten Malern eigen gewesen sein muß.

Diese den alten Malern zugestandenen Teile der Kunst lassen den neuern Malern noch sehr viel Verdienste um dieselbe.

In der Perspektive gehört ihnen der Vorzug unstreitig, und er bleibt, bei aller gelehrten Verteidigung der Alten, in Ansehung dieser Wissenschaft, auf seiten der Neueren. Die Gesetze der Komposition und Anordnung waren den Alten nur zum Teil und unvollkommen bekannt, wie die erhobenen Arbeiten von Zeiten, wo die griechischen Künste in Rom geblüht, dartun können.

In dem Kolorit scheinen die Nachrichten in den Schriften der Alten und die Überbleibsel der alten Malerei auch zum Vorteil der neuern Künstler zu entscheiden.

Verschiedene Arten von Vorstellungen der Malerei sind gleichfalls zu einem höheren Grade der Vollkommenheit in neuern Zeiten gelangt. In Viehstücken und Landschaften haben unsere Maler allem Ansehen nach die alten Maler übertroffen. Die schönern Arten von Tieren unter andern Himmelsstrichen scheinen ihnen nicht bekannt gewesen zu sein, wenn man aus einzelnen Fällen, von dem Pferde des Marcus Aurelius, von den beiden Pferden auf Monte Cavallo, ja von den vorgegebenen Lysippischen Pferden über dem Portal der St. Marcuskirche in Venedig, von dem Farnesischen Stier und den übrigen Tieren dieses Gruppts, schließen darf.

Es ist hier im Vorbeigehen anzuführen, daß die Alten bei ihren Pferden die diametralische Bewegung der Beine nicht beobachtet haben, wie an den Pferden in Venedig und auf alten Münzen zu sehen ist. Einige Neuere sind ihnen hierin aus Unwissenheit gefolgt und sogar verteidigt worden.

Unsere Landschaften, sonderlich die niederländischen Maler, haben ihre Schönheit vornehmlich dem Ölmalen zu danken; ihre Farben haben dadurch mehr Kraft, Freudigkeit und Erhobenheit erlangt, und die Natur selbst unter einem dickern und feuchtern Himmel hat zur Erweiterung der Kunst in dieser Art nicht wenig beigetragen.

Es verdienten die angezeigten und einige andere Vorzüge der neuern Maler vor den alten in ein größeres Licht, durch gründlichere Beweise, als noch bisher geschehen ist, gesetzt zu werden.

Zur Erweiterung der Kunst ist noch ein großer Schritt übrig zu tun. Der Künstler, welcher von der gemeinen Bahn abzuweichen anfängt oder wirklich abgewichen ist, sucht diesen Schritt zu wagen; aber sein Fuß bleibt an dem jähesten Orte der Kunst stehen, und hier sieht er sich hilflos.

Die Geschichte der Heiligen, die Fabeln und Verwandlungen sind der ewige und fast einzige Vorwurf der neuern Maler seit einigen Jahrhunderten. Man hat sie auf tausenderlei Art gewandt und ausgekünstelt, so daß endlich Überdruß und Ekel den Weisen in der Kunst und den Kenner überfallen muß.

Ein Künstler, der eine Seele hat, die denken gelernt, läßt dieselbe müßig und ohne Beschäftigung bei einer Daphne und bei einem Apollo, bei einer Entführung der Proserpina, einer Europa und bei dergleichen. Er sucht sich als einen Dichter zu zeigen und Figuren durch Bilder, das ist allegorisch, zu malen.

Die Malerei erstreckt sich auch auf Dinge, die nicht sinnlich sind; diese sind ihr höchstes Ziel, und die Griechen haben sich bemüht, dasselbe zu erreichen, wie die Schriften der Alten bezeugen. Parrhasius, ein Maler, der wie Aristides die Seele schilderte, hat sogar, wie man sagt, den Charakter eines ganzen Volks ausdrücken können. Er malte die Athenienser, wie sie gütig und zugleich grausam, leichtsinnig und zugleich hartnäckig, brav und zugleich feige waren. Scheint die Vorstellung möglich, so ist es nur allein durch den Weg der Allegorie, durch Bilder, die allgemeine Begriffe bedeuten.

Der Künstler befindet sich hier wie in einer Einöde. Die Sprachen der wilden Indianer, die einen großen Mangel an dergleichen Begriffen haben und die kein Wort enthalten, welches Erkenntlichkeit, Raum, Dauer usw. bezeichnen könnte, sind nicht leerer von solchen Zeichen, als es die Malerei zu unseren Zeiten ist. Derjenige Maler, der weiter denkt, als seine Palette reicht, wünscht einen gelehrten Vorrat zu haben, wohin er gehen und bedeutende und sinnlich gemachte Zeichen von Dingen, die nicht sinnlich sind, nehmen könnte. Ein vollständiges Werk in dieser Art ist noch nicht vorhanden; die bisherigen Versuche sind nicht beträchtlich genug und reichen nicht bis an diese großen Absichten. Der Künstler wird wissen, wie weit ihm des Ripa Ikonologie, die Denkbilder der alten Völker von van Hooghe Genüge tun werden.

Dieses ist die Ursache, daß die größten Maler nur bekannte Vorwürfe gewählt. Annibale Carracci, anstatt daß er die berühmtesten Taten und Begebenheiten des Hauses Farnese in der Farnesischen Galerie, als ein allegorischer Dichter, durch allgemeine Symbole und durch sinnliche Bilder hätte vorstellen können, hat hier seine ganze Stärke bloß in bekannten Fabeln gezeigt.

Die Königliche Galerie der Schildereien in Dresden enthält ohne Zweifel einen Schatz von Werken der größten Meister, der vielleicht alle Galerien in der Welt übertrifft, und Se. Majestät haben, als der weiseste Kenner der schönen Künste, nach einer strengen Wahl nur das Vollkommenste in seiner Art gesucht; aber wie wenig historische Werke findet man in diesem königlichen Schatze! Von allegorischen, von dichterischen Gemälden noch weniger.

Der große Rubens ist der vorzüglichste unter großen Malern, der sich auf den unbetretenen Weg dieser Malerei in großen Werken als ein erhabener Dichter gewagt. Die Luxemburgische Galerie, als sein größtes Werk, ist durch die Hand der geschicktesten Kupferstecher der ganzen Welt bekannt worden.

Nach ihm ist in neueren Zeiten nicht leicht ein erhabeneres Werk in dieser Art unternommen und ausgeführt worden, desgleichen die Cupola der Kaiserlichen Bibliothek in Wien ist, von Daniel Gran gemalt und von Sedelmayr in Kupfer gestochen. Die Vergötterung des Herkules in Versailles, als eine Allusion auf den Kardinal Hercules von Fleuri, von Le Moine gemalt, womit Frankreich als mit der größten Komposition in der Welt prangt, ist gegen die gelehrte und sinnreiche Malerei des deutschen Künstlers eine sehr gemeine und kurzsichtige Allegorie; sie ist wie ein Lobgedicht, worin die stärksten Gedanken sich auf den Namen im Kalender beziehen. Hier war der Ort, etwas Großes zu machen, und man muß sich wundern, daß es nicht geschehen ist. Man sieht aber auch zugleich ein, hätte auch die Vergötterung eines Ministers den vornehmsten Plafond des königlichen Schlosses zieren sollen, woran es dem Maler gefehlt.

Der Künstler hat ein Werk vonnöten, welches aus der ganzen Mythologie, aus den besten Dichtern alter und neuerer Zeiten, aus der geheimen Weltweisheit vieler Völker, aus den Denkmalen des Altertums, auf Steinen, Münzen und Geräten, diejenigen sinnlichen Figuren und Bilder enthält, wodurch allgemeine Begriffe dichterisch gebildet worden. Dieser reiche Stoff würde in gewisse bequeme Klassen zu bringen und durch eine besondere Anwendung und Deutung auf mögliche einzelne Fälle, zum Unterricht der Künstler, einzurichten sein.

Hierdurch würde zu gleicher Zeit ein großes Feld geöffnet, zur Nachahmung der Alten und [um] unseren Werken einen erhabenen Geschmack des Altertums zu geben.

Der gute Geschmack in unsern heutigen Verzierungen, welcher seit der Zeit, da Vitruv bittere Klagen über das Verderbnis desselben führte, sich in neueren Zeiten noch mehr verderbt hat, teils durch die von Morto, einem Maler, von Feltro gebürtig, in Schwang gebrachten Grotesken, teils durch nichts bedeutende Malereien unserer Zimmer, könnte zugleich durch ein gründlicheres Studium der Allegorie gereinigt werden und Wahrheit und Verstand erhalten.

Unsere Schnörkel und das allerliebste Muschelwerk, ohne welches jetzt kein Zierat förmlich werden kann, hat manchmal nicht mehr Natur als Vitruvs Leuchter, welche kleine Schlösser und Paläste trugen. Die Allegorie könnte eine Gelehrsamkeit an die Hand geben, auch die kleinsten Verzierungen dem Orte, wo sie stehen, gemäß zu machen.

Reddere personae scit convenientia cuique.

Die Gemälde an Decken und über den Türen stehen meistenteils nur da, um ihren Ort zu füllen und um die ledigen Plätze zu decken, welche nicht mit lauter Vergoldungen können angefüllt werden. Sie haben nicht allein kein Verhältnis mit dem Stande und mit den Umständen des Besitzers, sondern sie sind demselben sogar oftmals nachteilig.

Der Abscheu vor dem leeren Raum füllt also die Wände, und Gemälde, von Gedanken leer, sollen das Leere ersetzen.

Dieses ist die Ursache, daß der Künstler, den man seiner Willkür überläßt, aus Mangel allegorischer Bilder oft Vorwürfe wählt, die mehr zur Satire als zur Ehre desjenigen, dem er seine Kunst weiht, gereichen müssen; und vielleicht, um sich hiervor in Sicherheit zu stellen, verlangt man aus feiner Vorsicht von dem Maler, Bilder zu machen, die nichts bedeuten sollen.

Es macht oft Mühe, auch dergleichen zu finden, und endlich

... velut aegri somnia, vanae
Fingentur species.

Man nimmt also der Malerei dasjenige, worin ihr größtes Glück besteht, nämlich die Vorstellung unsichtbarer, vergangener und zukünftiger Dinge.

Diejenigen Malereien aber, welche an diesem oder jenem Orte bedeutend werden könnten, verlieren das, was sie tun würden, durch einen gleichgültigen oder unbequemen Platz, den man ihnen anweist.

Der Bauherr eines neuen Gebäudes,

Dives agris, dives positis in foenore nummis,

wird vielleicht über die hohen Türen seiner Zimmer und Säle kleine Bilder setzen lassen, die wider den Augenpunkt und wider die Gründe der Perspektive anstoßen. Die Rede ist hier von solchen Stücken, die ein Teil der festen und unbeweglichen Zieraten sind, nicht von solchen, die in einer Sammlung nach der Symmetrie geordnet werden.

Die Wahl in Verzierungen der Baukunst ist zuweilen nicht gründlicher: Armaturen und Trophäen werden allemal auf einem Jagdhaus ebenso unbequem stehen wie Ganymedes und der Adler, Jupiter und Leda unter der erhobenen Arbeit der Türen von Erz am Eingang der St. Peterskirche in Rom.

Alle Künste haben einen gedoppelten Endzweck: sie sollen vergnügen und zugleich unterrichten, und viele von den größten Landschaftsmalern haben daher geglaubt, sie würden ihrer Kunst nur zur Hälfte ein Genüge getan haben, wenn sie ihre Landschaften ohne alle Figuren gelassen hätten.

Der Pinsel, den der Künstler führt, soll in Verstand getunkt sein, wie jemand von dem Schreibegriffel des Aristoteles gesagt hat: Er soll mehr zu denken hinterlassen, als was er dem Auge gezeigt, und dieses wird der Künstler erhalten, wenn er seine Gedanken in Allegorien nicht zu verstecken, sondern einzukleiden gelernt hat. Hat er einen Vorwurf, den er selbst gewählt oder der ihm gegeben worden, welcher dichterisch gemacht oder zu machen ist, so wird ihn seine Kunst begeistern und wird das Feuer, welches Prometheus den Göttern raubte, in ihm erwecken. Der Kenner wird zu denken haben, und der bloße Liebhaber wird es lernen.

Erinnerung über die Betrachtung der Werke der Kunst

Willst du über Werke der Kunst urteilen, so sieh anfänglich hin über das, was sich durch Fleiß und Arbeit anpreist, und sei aufmerksam auf das, was der Verstand hervorgebracht hat, denn der Fleiß kann sich ohne Talent zeigen, und dieses erblickt man auch, wo der Fleiß fehlt. Ein sehr mühsam gemachtes Bild vom Maler oder Bildhauer ist, bloß als dieses, mit einem mühsam gearbeiteten Buche zu vergleichen. Denn, wie gelehrt zu schreiben nicht die größte Kunst ist, so ist ein sehr fein und glatt ausgepinseltes Bild allein kein Beweis von einem großen Künstler. Was die ohne Not gehäuften Stellen vielmals nie gelesener Bücher in einer Schrift sind, das ist in einem Bilde die Andeutung aller Kleinigkeiten. Diese Betrachtung wird dich nicht erstaunen machen über die Lorbeerblätter an dem Apollo und der Daphne vom Bernini, noch über das Netz an einer Statue in Deutschland vom älteren Adam aus Paris. Ebenso sind keine Kennzeichen, an welchen der Fleiß allein Anteil hat, fähig zur Kenntnis oder zum Unterschiede des Alten vom Neuen.

Gib Achtung, ob der Meister des Werks, welches du betrachtest, selbst gedacht oder nur nachgemacht hat, ob er die vornehmste Absicht der Kunst, die Schönheit, gekannt oder nach den ihm gewöhnlichen Formen gebildet und ob er als ein Mann gearbeitet oder als ein Kind gespielt hat.

Es können Bücher und Werke der Kunst gemacht werden, ohne viel zu denken (ich schließe von dem, was wirklich ist); ein Maler kann auf diese mechanische Art eine Madonna bilden, die sich sehen läßt, und ein Professor sogar eine Metaphysik schreiben, die tausend jungen Leuten gefällt. Die Fähigkeit des Künstlers zu denken aber kann sich nur in oft wiederholten Vorstellungen sowie in eigenen Erfindungen zeigen. Denn so wie ein einziger Zug die Bildung des Gesichts verändert, so kann die Andeutung eines einzigen Gedankens, welcher sich in der Richtung eines Gliedes äußert, dem Vorwurfe eine andere Gestalt geben und die Würdigkeit des Künstlers dartun. Plato in Raffaels Schule von Athen rührt nur den Finger, und er sagt genug, und Figuren vom Zuccari sagen wenig mit allen ihren verdrehten Wendungen. Denn wie es schwerer ist, viel mit wenigem anzuzeigen, als es das Gegenteil ist, und der richtige Verstand mit wenigem mehr als mit vielem zu wirken liebt, so wird eine einzelne Figur der Schauplatz aller Kunst eines Meisters sein können. Aber es würde den meisten Künstlern ein ebenso hartes Gebot sein, eine Begebenheit in einer einzigen oder in ein paar Figuren, und dieses in Groß gezeichnet, vorzustellen, als es einem Skribenten sein würde, zum Versuch eine ganz kurze Schrift aus eigenem Stoff abzufassen, denn hier kann beider Blöße erscheinen, die sich in der Vielheit versteckt. Eben daher lieben fast alle angehenden und sich selbst überlassenen jungen Künstler mehr, einen Entwurf von einem Haufen zusammengestellter Figuren zu machen, als eine einzige völlig auszuführen. Da nun das Wenige, mehr oder geringer, den Unterschied unter Künstlern macht und das wenige Unmerkliche ein Vorwurf denkender empfindlicher Geschöpfe ist, das Viele und Handgreifliche aber schlaffe Sinne und einen stumpfen Verstand beschäftigt, so wird der Künstler, der sich Klugen zu gefallen begnügt, im Einzelnen groß und im Wiederholten und Bekannten mannigfaltig und denkend erscheinen können. Ich rede hier wie aus dem Munde des Altertums. Dieses lehren die Werke der Alten, und es würde ihnen ähnlich geschrieben und gebildet werden, wenn ihre Schriften wie ihre Bilder betrachtet und untersucht würden.

Der Stolz in dem Gesicht des Apollo äußert sich vornehmlich in dem Kinn und in der Unterlefze, der Zorn in den Nüstern seiner Nase und die Verachtung in der Öffnung des Mundes. Auf den übrigen Teilen dieses göttlichen Hauptes wohnen die Grazien, und die Schönheit bleibt bei der Empfindung unvermischt und rein wie die Sonne, deren Bild er ist. Im Laokoon siehst du bei dem Schmerz den Unmut (wie über ein unwürdiges Leiden) in dem Krausen der Nase und das väterliche Mitleiden auf den Augäpfeln, wie einen trüben Duft, schwimmen. Diese Schönheiten in einem einzigen Drucke sind wie ein Bild in einem Worte beim Homer; nur der kann sie finden, welcher sie kennt. Glaube gewiß, daß der alten Künstler sowie ihrer Weisen Absicht war, mit wenigem viel anzudeuten. Daher liegt der Verstand der Alten tief in ihren Werken; in der neueren Welt ist es meistenteils wie bei verarmten Krämern, die alle ihre Ware ausstellen. Homer gibt ein höheres Bild, wenn alle Götter sich von ihrem Sitze erheben, da Apollo unter ihnen erscheint, als Callimachus mit seinem ganzen Gesange voller Gelehrsamkeit. Ist ein Vorurteil nützlich, so ist es die Überzeugung von dem, was ich sage; mit derselben nähere dich zu den Werken des Altertums in Hoffnung, viel zu finden, so wirst du viel suchen. Aber du mußt dieselbe mit großer Ruhe betrachten, denn das Viele im Wenigen und die stille Einfalt wird dich sonst unerbaut lassen wie die eilfertige Lesung des ungeschmückten großen Xenophon.

Gegen das eigene Denken setze ich das Nachmachen, nicht die Nachahmung. Unter jenem verstehe ich die knechtische Folge, in dieser aber kann das Nachgeahmte, wenn es mit Vernunft geführt wird, gleichsam eine andere Natur annehmen und etwas Eigenes werden. Domenichino, der Maler der Zärtlichkeit, hat die Köpfe des sogenannten Alexander zu Florenz und der Niobe zu Rom zu Mustern gewählt. Sie sind in seinen Figuren zu erkennen (Alexander im Johannes zu S. Andrea della Valle in Rom und Niobe in dem Gemälde des

Tesoro zu S. Gennaro in Neapel), aber doch sind sie nicht ebendieselben. Auf Steinen und Münzen findet man sehr viele Bilder aus Poussins Gemälden; Salomon in seinem Urteil ist der Jupiter auf macedonischen Münzen, aber sie sind bei ihm wie eine versetzte Pflanze, die sich verschieden vom ersten Grunde zeigt.

Nachmachen ohne zu denken ist: eine Madonna vom Maratta, einen h. Joseph vom Barocci und andere Figuren anderswo nehmen und ein Ganzes machen, wie eine große Menge Altarblätter auch in Rom sind. Ein solcher Maler war der kürzlich verstorbene berühmte Masucci zu Rom. Nachmachen nenne ich ferner, gleichsam nach einem gewissen Formular arbeiten, ohne selbst zu wissen, daß man nicht denkt. Von diesem Schlage ist derjenige, welcher für einen Prinzen die Vermählung der Psyche, die ihm vorgeschrieben wurde, verfertigte. Er hatte vermutlich keine andere gesehen als die vom Raffael in Klein-Farnese; die seinige könnte auch eine Königin aus Saba sein. Die meisten letzten großen Statuen der Heiligen in St. Peter zu Rom sind von dieser Art: große Stücke Marmor, welche ungearbeitet jedes 500 Scudi kosten. Wer eine sieht, hat sie alle gesehen.

Das zweite Augenmerk bei Betrachtung der Werke der Kunst soll die Schönheit sein. Der höchste Vorwurf der Kunst für denkende Menschen ist der Mensch oder nur dessen äußere Fläche, und diese ist für den Künstler so schwer auszuforschen wie von den Weisen das Innere desselben, und das Schwerste ist, was es nicht scheint, die Schönheit, weil sie, eigentlich zu reden, nicht unter Zahl und Maß fällt. Eben daher ist das Verständnis des Verhältnisses des Ganzen, die Wissenschaft von Gebeinen und Muskeln, nicht so schwer und allgemeiner als die Kenntnis des Schönen; und wenn auch das Schöne durch einen allgemeinen Begriff könnte bestimmt werden, welches man wünscht und sucht, so würde sie dem, welchem der Himmel das Gefühl versagt hat, nicht helfen. Das Schöne besteht in der Mannigfaltigkeit im Einfachen; dieses ist der Stein der Weisen, den die Künstler zu suchen haben und welchen wenige finden; nur der versteht die wenigen Worte, der sich diesen Begriff aus sich selbst gemacht hat. Die Linie, die das Schöne beschreibt, ist elliptisch, und in derselben ist das Einfache und eine beständige Veränderung, denn sie kann mit keinem Zirkel beschrieben werden und verändert in allen Punkten ihre Richtung. Dieses ist leicht gesagt und schwer zu lernen. Welche Linie, mehr oder weniger elliptisch, die verschiedenen Teile zur Schönheit formt, kann die Algebra nicht bestimmen, aber die Alten kannten sie, und wir finden sie vom Menschen bis auf ihre Gefäße. So wie nichts Zirkelförmiges am Menschen ist, so macht auch kein Profil eines alten Gefäßes einen halben Zirkel.

Wenn von mir verlangt würde, sinnliche Begriffe der Schönheit zu bestimmen, welches sehr schwer ist, so würde ich, in Ermangelung alter vollkommener Werke oder deren Abgüsse, kein Bedenken tragen, dieselben nach einzelnen Teilen, von den schönsten Menschen genommen an dem Orte, wo ich schrieb, zu bilden. Da nun dieses jetzt im Deutschen nicht geschehen kann, so müßte ich, wenn ich lehren wollte, die Begriffe der Schönheit verneinungsweise mich anzudeuten begnügen, ich müßte mich aber aus Mangel der Zeit auf das Gesicht einschränken.

Die Form der wahren Schönheit hat nichtunterbrochene Teile. Auf diesen Satz gründet sich das Profil der alten jugendlichen Köpfe, welches nichts Linealmäßiges, auch nichts Eingebildetes ist, aber es ist selten in der Natur und scheint sich noch seltener unter einem rauhen als glücklichen Himmel zu finden. Es besteht in der sanftgesenkten Linie von der Stirn bis auf die Nase. Diese Linie ist der Schönheit dermaßen eigen, daß ein Gesicht, welches, von vorne gesehen, schön scheint, von der Seite erblickt, vieles verliert, je mehr dessen Profil von der sanften Linie abweicht. Diese Linie hat Bernini, der Kunstverderber, in seinem größten Flor nicht kennen wollen, weil er sie in der gemeinen Natur, welche nur allein sein Vorwurf gewesen, nicht gefunden, und seine Schule folgt ihm. Aus diesem Satze folgt ferner, daß weder das Kinn noch die Wangen, durch Grübchen unterbrochen, der Form der wahren Schönheit gemäß sein können. Es kann also auch die Mediceische Venus, die ein solches Kinn hat, keine hohe Schönheit sein, und ich glaube, daß ihre Bildung von einer bestimmten schönen Person genommen ist, so wie zwei andere Venus in dem Garten hinter dem Palast Farnese offenbare Porträtköpfe haben.

Die Form der wahren Schönheit hat die erhobenen Teile nicht stumpf und die gewölbten nicht abgeschnitten; der Augenknochen ist prächtig erhaben und das Kinn völlig gewölbt. Die besten Künstler der Alten haben daher dasjenige Teil, auf welchem die Augbraunen liegen, scharf geschnitten gehalten, und in dem Verfalle der Künste im Altertume und in dem Verderbnis neuerer Zeiten ist dieses Teil rundlich und stumpf vertrieben, und das Kinn ist insgemein zu kleinlich. Aus dem stumpf gehaltenen Augenknochen kann man unter anderm urteilen, daß der berühmte, fälschlich so genannte Antinous im Belvedere zu Rom nicht aus der höchsten Zeit der Kunst sein kann, so wenig wie die Venus. Dieses ist allgemein gesprochen von dem Wesentlichen der Schönheit des Gesichts, welches in der Form besteht; die Züge und Reizungen, welche dieselbe erhöhen, sind die Grazie, von welcher besonders zu handeln ist. Aber ich merke, daß ich meinen Vorsatz überschreite, welchen mir die Kürze der Zeit und meine überhäufte Arbeit setzen. Ich will hier kein System der Schönheit, wenn ich auch könnte, schreiben.

Eine männliche Figur hat ihre Schönheit, wie eine jugendliche; aber da alles einfache Mannigfaltige in allen Dingen schwerer ist als das Mannigfaltige an sich, so ist eben deswegen eine schöne jugendliche Figur groß zu zeichnen (ich verstehe in dem möglichen Grade der Vollkommenheit) das Schwerste. Die Überzeugung ist für alle Menschen auch von dem Kopfe allein. Nehmt das Gesicht der schönsten Figur in neueren Gemälden, so werdet ihr fast allezeit eine Person kennen, die schöner ist. Ich urteile nach Rom und Florenz, wo die schönsten Gemälde sind.

Ist ein Künstler mit persönlicher Schönheit, mit Empfindung des Schönen, mit Geist und Kenntnis des Altertums begabt gewesen, so war es Raffael; und dennoch sind seine Schönheiten unter dem Schönsten in der Natur. Ich kenne Personen, die schöner sind als seine unvergleichliche Madonna im Palast Pitti zu Florenz und als Alcibiades in der Schule von Athen: die Madonna des Correggio ist keine hohe Idee, noch die vom Maratta in der Galerie zu Dresden, ohne Nachteil von den ursprünglichen Schönheiten in der Nacht des erstern zu reden; die berühmte Venus vom Tizian in der Tribuna zu Florenz ist nach der gemeinen Natur gebildet. Die Köpfe kleinerer Figuren vom Albano scheinen schön; aber vom Kleinen ins Große zu gehen ist hier fast, als wenn man nach Erlernung der Schiffkunst aus Büchern die Führung eines Schiffes im Ozean unternehmen wollte. Poussin, welcher das Altertum mehr als seine Vorgänger untersucht, hat sich gekannt und sich niemals ins Große gewagt.

Die Griechen aber scheinen Schönheiten entworfen zu haben, wie ein Topf gedreht wird, denn fast alle Münzen ihrer freien Staaten zeigen Köpfe, die vollkommener sind von Form, als was wir in der Natur kennen, und diese Schönheit besteht in der Linie, die das Profil bildet. Sollte es nicht leicht scheinen, den Zug dieser Linie zu finden? – Und in allen Münzbüchern ist von derselben abgewichen. Hätte nicht Raffael, der sich beklagte, zur Galatee keine würdige Schönheit in der Natur zu finden, die Bildung von den besten syrakusanischen Münzen nehmen können, da die schönsten Statuen, außer dem Laokoon, zu seiner Zeit noch nicht entdeckt waren? Weiter als diese Münzen kann der menschliche Begriff nicht gehen, und ich hier auch nicht. Ich muß dem Leser wünschen, den Kopf des schönen Genius in der Villa Borghese, die Niobe und ihre Töchter, die Bilder der höchsten Schönheit, zu sehen; außer Rom müssen ihn die Abgüsse oder die geschnittenen Steine lehren. Zwei der schönsten jugendlichen Köpfe sind die Minerva vom Aspasius, jetzt zu Wien, und ein jugendlicher Herkules in dem Stoschischen Museum zu Florenz. Wer die besten Werke des Altertums nicht hat kennenlernen, glaube nicht zu wissen, was wahrhaftig schön ist. Unsere Begriffe werden außer dieser Kenntnis einzeln und nach unserer Neigung gebildet sein. Von Schönheiten neuerer Meister kann ich nichts Vollkommenes angeben als die Griechische Tänzerin vom Herrn Mengs, groß wie die Natur, halbe Figur, in Pastell auf Holz gemalt, für den Marquis Croimare in Paris.

Daß die Kenntnis der wahren Schönheit in Beurteilung der Werke der Kunst zur Regel dienen kann, bezeugen die mit großem Fleiße nach alten geschnittenen Steinen gearbeiteten neueren Steine. Natter hat sich gewagt, den angeführten Kopf der Minerva in gleicher Größe und kleiner zu kopieren, und dennoch hat er die Schönheit der Form nicht erreicht; die Nase ist um ein Haar zu stark, das Kinn ist zu platt und der Mund schlecht; und ebenso verhält es sich mit anderen Nachahmungen in dieser Art. Gelingt es den Meistern nicht, was ist von Schülern zu hoffen, und was könnte man sich von selbst entworfenen Schönheiten versprechen? Ich will nicht die Unmöglichkeit sogar der einfachen Nachahmung alter Köpfe daraus zu erkennen geben, aber es muß solchen Künstlern irgendwo fehlen. Natters Buch von geschnittenen Steinen zeigt nicht viel Einsicht der alten Kunst auch in der einzigen Art, die er allein getrieben, welches künftig kann dargetan werden.

Die eigene Überzeugung von der schwer zu erreichenden Schönheit der Alten ist daher eine der vornehmsten Ursachen von der Seltenheit untergeschobener griechischer Münzen in der besten Zeit. Eine falsche neue Münze, die in griechischen freien Staaten geprägt ausgegeben würde, wäre gegen eine jede echte zu entdecken. Unter den kaiserlichen Münzen ist der Betrug leichter gewesen; die zu alten Münzen geschnittenen Stempel des berühmten Padovano sind im Museum Barberini zu Rom, und die von Michel, einem Franzosen, der diese Kunst zu Florenz getrieben, sind in dem Stoschischen Museum.

Was zum dritten die Ausarbeitung eines Werkes der Kunst im engeren Verstande nach dessen geendigtem Entwurfe betrifft, so ist der Fleiß in derselben zu loben, aber der Verstand zu schätzen. Die Hand des Meisters erkennt sich, so wie in der Schreibart an der Deutlichkeit und kräftigen Fassung der Gedanken, also in der Ausarbeitung des Künstlers an der Freiheit und Sicherheit der Hand. Auf der Verklärung Christi von Raffael sieht man die sicheren und freien Züge des großen Künstlers in den Figuren Christi, St. Peters und der Apostel zur rechten Hand und an der mühsam vertriebenen Arbeit des Giulio Romano an einigen Figuren zur Linken. Bewundere niemals, weder am Marmor die glänzende, sanfte Oberhaut, noch an einem Gemälde die spiegelnde glatte Fläche; jene ist eine Arbeit, die dem Tagelöhner Schweiß gekostet hat, und diese dem Maler nicht viel Nachsinnen. Der Apollo des Bernini ist so glatt wie der im Belvedere, und eine Madonna vom Trevisani ist noch viel fleißiger als die vom Correggio gemalt. Wo Stärke der Arme und Fleiß in der Kunst gilt, hat das Altertum nichts vor uns voraus; auch der Porphyr kann ebenso gut bearbeitet werden wie vor Alters, welches viele unwissende Skribenten leugnen, und zuletzt Carlencas in einem Buche, dessen Übersetzung den Deutschen keine Ehre macht.

Die größere Glätte an Figuren tiefgeschnittener alter Steine ist nicht das Geheimnis, welches Maffei der Welt zum Besten mitteilend entdecken will, wodurch sich die Arbeit eines alten Künstlers im Steinschneiden von den neuern unterscheidet. Unsere Meister in ihrer Kunst haben die Glätte so hoch als die Alten getrieben; die Glätte der Ausarbeitung ist wie die feine Haut im Gesichte, die allein nicht schön macht.

Ich tadle dadurch nicht die Glätte einer Statue, da sie zur Schönheit viel beiträgt, ohnerachtet ich sehe, daß die Alten das Geheimnis erreicht haben, eine Statue bloß mit dem Eisen auszuarbeiten, wie am Laokoon geschehen ist. Es ist auch in einem Gemälde die Sauberkeit des Pinsels ein großer Wert desselben; dieses muß aber von Verschmelzung der Tinten unterschieden werden, denn eine baumrindenmäßige Fläche einer Statue würde so unangenehm sein als ein bloß mit Borstpinseln ausgeführtes Bild, sowohl in der Nähe als in der Ferne. Man muß mit Feuer entwerfen und mit Phlegma ausführen. Meine Meinung geht auf solche Arbeiten, deren größtes Verdienst der Fleiß allein ist, wie die aus der Berninischen Schule in Marmor und die von Denner, Seybold und ihresgleichen auf Leinewand.

Mein Leser! Es ist diese Erinnerung nötig. Denn da die meisten Menschen nur an der Schale der Dinge umhergehen, so zieht auch das Liebliche, das Glänzende unser Auge zuerst an, und die bloße Warnung vor Irrungen, wie hier nur geschehen können, macht den ersten Schritt zur Kenntnis.

Ich habe überhaupt in etlichen Jahren meines Aufenthaltes in Italien eine fast tägliche Erfahrung, wie sonderliche junge Reisende von blinden Führern geleitet werden und wie nüchtern sie über die Meisterstücke der Kunst hinflattern. Ich behalte mir vor, einen ausführlichen Unterricht hierüber zu erteilen.

Von der Grazie in Werken der Kunst

Die Grazie ist das vernünftig Gefällige. Es ist ein Begriff von weitem Umfange, weil er sich auf alle Handlungen erstreckt. Die Grazie ist ein Geschenk des Himmels, aber nicht wie die Schönheit, denn er erteilt nur die Ankündigung und Fähigkeit zu derselben. Sie bildet sich durch Erziehung und Überlegung und kann zur Natur werden, welche dazu geschaffen ist. Sie ist ferne vom Zwange und gesuchten Witze; aber es erfordert Aufmerksamkeit und Fleiß, die Natur in allen Handlungen, wo sie sich nach eines jeden Talent zu zeigen hat, auf den rechten Grad der Leichtigkeit zu erheben. In der Einfalt und in der Stille der Seele wirkt sie und wird durch ein wildes Feuer und in aufgebrachten Neigungen verdunkelt. Aller Menschen Tun und Handeln wird durch dieselbe angenehm, und in einem schönen Körper herrscht sie mit großer Gewalt. Xenophon war mit derselben begabt, Thucydides aber hat sie nicht gesucht. In ihr bestand der Vorzug des Apelles, und des Correggio in neueren Zeiten, und Michelangelo hat sie nicht erlangt. Über die Werke des Altertums aber hat sie sich allgemein ergossen und ist auch in dem Mittelmäßigen zu erkennen.

Die Kenntnis und Beurteilung der Grazie am Menschen und in der Nachahmung desselben an Statuen und auf Gemälden scheint verschieden zu sein, weil hier vielen dasjenige nicht anstößig ist, was ihnen im Leben mißfallen würde. Diese Verschiedenheit der Empfindung liegt entweder in der Eigenschaft der Nachahmung überhaupt, welche desto mehr rührt, je fremder sie ist als das Nachgeahmte, oder mehr an ungeübten Sinnen und am Mangel öfterer Betrachtung und gründlicher Vergleichung der Werke der Kunst. Denn was bei Aufklärung des Verstandes und bei Vorteilen der Erziehung an neueren Werken gefällt, wird oft nach erlangter wahren Kenntnis der Schönheiten des Altertums ekelhaft werden. Die allgemeine Empfindung der wahren Grazie wäre also nicht natürlich; da sie aber erlangt werden kann und ein Teil des guten Geschmacks ist, so ist auch dieser so wie jene zu lehren, wider den Verfasser der Briefe über die Engländer, weil sogar die Schönheit zu lehren ist, obgleich noch keine allgemeine deutliche Erklärung derselben bestimmt worden.

Im Unterricht über Werke der Kunst ist die Grazie das Sinnlichste, und zur Überzeugung von dem Vorzuge der alten Werke vor den neueren gibt sie den begreiflichsten Beweis. Mit derselben muß man anfangen zu lehren, bis man zur hohen abstrakten Schönheit gehen kann.

Die Grazie in Werken der Kunst geht nur die menschliche Figur an und liegt nicht allein in deren Wesentlichem, dem Stande und Gebärden, sondern auch in dem Zufälligen, dem Schmucke und der Kleidung. Ihre Eigenschaft ist das eigentümliche Verhältnis der handelnden Personen zur Handlung, denn sie ist wie Wasser, welches desto vollkommener ist, je weniger es Geschmack hat. Alle Fremdartigkeit ist der Grazie so wie der Schönheit nachteilig. Man merke, daß die Rede von dem Hohen oder Heroischen und Tragischen der Kunst, nicht von dem komischen Teile derselben ist.

Stand und Gebärden an den alten Figuren sind wie an einem Menschen, welcher Achtung erweckt und fordern kann und der vor den Augen weiser Männer auftritt. Ihre Bewegung hat den notwendigen Grund des Wirkens in sich, wie durch ein flüssiges feines Geblüt und mit einem sittsamen Geist zu geschehen pflegt; nur allein die Stellung der Bacchanten auf geschnittenen Steinen ist der Absicht bei denselben gemäß, das ist, gewaltsam. Was von stehenden Figuren gesagt wird, gilt auch von liegenden.

Im ruhigen Stande, wo ein Bein das tragende ist und das andere das spielende, tritt dieses nur so weit zurück, als nötig war, die Figur aus der senkrechten Linie zu setzen und an Faunen hat man die ungelehrte Natur auch in der Richtung dieses Fußes beobachtet, welcher, gleichsam unmerksam auf Zierlichkeit, einwärts steht. Den neuern Künstlern schien ein ruhiger Stand unbedeutend und ohne Geist. Sie rücken daher den spielenden Fuß weiter hinaus, und um eine idealische Stellung zu machen, setzen sie ein Teil der Schwere des Körpers von dem tragenden Beine weg und drehen den Oberleib von neuem aus seiner Ruhe und den Kopf wie an Personen, die nach einem unerwarteten Blitze sehen. Diejenigen, welchen dieses aus Mangel der Gelegenheit, das Alte zu sehen, nicht deutlich ist, mögen sich einen Ritter einer Komödie oder auch einen jungen Franzosen in seiner eigenen Brühe vorstellen. Wo der Raum diesen Stand der Beine nicht erlaubte, um nicht das Bein, welches nicht trägt, müßig zu lassen, setzt man es auf etwas Erhobenes, als ein Bild eines Menschen, welcher, um mit jemand zu reden, das eine Bein allezeit auf einen Stuhl setzen wollte oder, um fest zu stehen, sich einen Stein unterlegte. Die Alten waren dergestalt auf den höchsten Wohlstand bedacht, daß nicht leicht Figuren mit einem Beine über das andere geschlagen stehen, es sei denn ein Bacchus in Marmor, ein Paris oder Nireus auf geschnittenen Steinen, zum Zeichen der Weichlichkeit.

In den Gebärden der alten Figuren bricht die Freude nicht in Lachen aus, sondern sie zeigt nur die Heiterkeit vom inneren Vergnügen; auf dem Gesichte einer Bacchante blickt gleichsam nur die Morgenröte von der Wollust auf. In Betrübnis und Unmut sind sie ein Bild des Meeres, dessen Tiefe stille ist, wenn die Fläche anfängt unruhig zu werden; auch in empfindlichsten Schmerzen erscheint Niobe als die Heldin, welche der Latona nicht weichen wollte. Denn die Seele kann in einen Zustand gesetzt werden, wo sie von der Größe des Leidens, welches sie nicht fassen kann, übertäubt, der Unempfindlichkeit nahe kommt. Die alten Künstler haben hier, wie ihre Dichter, ihre Personen gleichsam außer der Handlung, die Schrecken oder Wehklagen erwecken müßte, gezeigt, auch um die Würdigkeit der Menschen in Fassung der Seele vorzustellen.

Die Neuern, welche teils das Altertum nicht kennenlernen oder nicht zur Betrachtung der Grazie in der Natur gelangt sind, haben nicht allein die Natur gebildet, wie sie empfindet, sondern auch, was sie nicht empfindet. Die Zärtlichkeit einer sitzenden Venus in Marmor zu Potsdam, vom Pigalle aus Paris, ist in einer Empfindung, in welcher ihr das Wasser aus dem Munde, welcher nach Luft zu schnappen scheint, laufen will, denn sie soll vor Begierde schmachtend aussehen. Sollte man glauben, daß ein solcher Mensch in Rom einige Jahre unterhalten gewesen, das Altertum nachzuahmen! Eine Charitas von Bernini an einem der päpstlichen Grabmäler in S. Peter zu Rom soll liebreich und mit mütterlichen Augen auf ihre Kinder sehen; es sind aber viel widersprechende Dinge in ihrem Gesichte. Das Liebreiche ist ein gezwungenes, satyrisches Lachen, damit ihr der Künstler seine ihm gewöhnliche Grazie, die Grübchen in den Wangen, geben konnte. In Vorstellung der Betrübnis geht er bis auf das Haarausreißen, wie man auf vielen berühmten Gemälden, welche gestochen sind, sehen kann.

Die Bewegung der Hände, welche die Gebärden begleiten, und deren Haltung überhaupt ist an alten Statuen wie an Personen, die von niemand glauben beobachtet zu werden; und ob sich gleich wenig Hände an denselben erhalten haben, so sieht man doch an der Richtung des Armes, daß die Bewegung der Hand natürlich gewesen ist. Diejenigen, welche die mangelnden oder zerstümmelten Hände ergänzt, haben ihnen vielmals, so wie an ihren eigenen Werken, eine Haltung gegeben, die eine Person vor dem Spiegel machen würde, welche ihre vermeinte schöne Hand denen, die sie bei ihrem Putze unterhalten, so lange und so oft sie kann, im völligen Lichte wollte sehen lassen. Im Ausdrucke sind die Hände insgemein gezwungen wie eines jungen Anfängers auf der Kanzel. Faßt eine Figur ihr Gewand, so hält sie es wie Spinnwebe. Eine Nemesis, welche auf alten geschnittenen Steinen gewöhnlich ihr Peplum von dem Busen sanft in die Höhe hält, würde es in neueren Bildern nicht anders tun können als mit zierlich ausgestreckten drei letzten Fingern.

Die Grazie in dem Zufälligen alter Figuren, dem Schmucke und der Kleidung, liegt, wie an der Figur selbst, in dem, was der Natur am nächsten kommt. An den allerältesten Werken ist der Wurf der Falten unter dem Gürtel fast senkrecht, wie sie an einem dünnen Gewande natürlich fallen. Mit dem Wachstume der Kunst wurde die Mannigfaltigkeit gesucht; aber das Gewand stellte allezeit ein leichtes Gewebe vor, und die Falten wurden nicht gehäuft oder hier und da zerstreut, sondern sind in ganze Massen vereinigt. Dieses blieben die zwei vornehmsten Beobachtungen im Altertume, wie wir noch an der schönen Flora (nicht der Farnesischen) im Campidoglio, von Hadrians Zeiten, sehen. An Bacchanten und tanzenden Figuren wurde das Gewand zerstreuter und fliegender gearbeitet, auch an Statuen, wie eine im Palast Riccardi zu Florenz beweist; aber der Wohlstand blieb beobachtet, und die Fähigkeit der Materie wurde nicht übertrieben. Götter und Helden sind wie an heiligen Orten stehend, wo die Stille wohnt, und nicht als ein Spiel der Winde oder im Fahnenschwenken vorgestellt; fliegende und luftige Gewänder suche man sonderlich auf geschnittenen Steinen, an einer Atalanta, wo die Person und die Materie es erforderte und erlaubte.

Die Grazie erstreckt sich auf die Kleidung, weil sie mit ihren Geschwistern vor Alters bekleidet war, und die Grazie in der Kleidung bildet sich wie von selbst in unserem Begriffe, wenn wir uns vorstellen, wie wir die Grazien gekleidet sehen möchten. Man würde sie nicht in Galakleidern, sondern wie eine Schönheit, die man liebte, im leichten Überwurf kürzlich aus dem Bette erhoben, zu sehen wünschen.

In neueren Werken der Kunst scheint man, nach Raffaels und dessen bester Schüler Zeiten, nicht gedacht zu haben, daß die Grazie auch an der Kleidung teilnehmen könne, weil man statt der leichten Gewänder die schweren gewählt, die gleichsam wie Verhüllungen der Unfähigkeit, das Schöne zu bilden, anzusehen sind; denn die Falten von großem Inhalt überheben den Künstler der von den Alten gesuchten Andeutung der Form des Körpers unter dem Gewande, und eine Figur scheint öfters nur zum Tragen gemacht zu sein. Bernini und Peter von Cortona sind in großen und schweren Gewändern die Muster ihrer Nachfolger geworden. Wir kleiden uns in leichte Zeuge, aber unsere Bilder genießen diesen Vorteil nicht.

Wenn man geschichtmäßig von der Grazie nach Wiederherstellung der Kunst reden sollte, so würde es mehr auf das Gegenteil gehen. In der Bildhauerei hat die Nachahmung eines einzigen großen Mannes, des Michelangelo, die Künstler von dem Altertum und von der Kenntnis der Grazie entfernt. Sein hoher Verstand und seine große Wissenschaft wollte sich in Nachahmung der Alten nicht allein einschränken, und seine Einbildung war zu feurig zu zärtlichen Empfindungen und zur lieblichen Grazie. Seine gedruckten und noch ungedruckten Gedichte sind voll von Betrachtungen der hohen Schönheit, aber er hat sie nicht gebildet, so wenig wie die Grazie seiner Werke. Denn da er nur das Außerordentliche und das Schwere in der Kunst suchte, so setzte er diesem das Gefällige nach, weil dieses mehr in Empfindung als in Wissenschaft besteht; und um diese allenthalben zu zeigen, wurde er übertrieben. Seine liegenden Statuen auf den Grabmalen in der großherzoglichen Kapelle zu S. Lorenzo in Florenz haben eine so ungewöhnliche Lage, daß das Leben sich Gewalt antun müßte, sich also liegend zu erhalten, und eben durch diese gekünstelte

Lage ist er aus dem Wohlstande der Natur und des Orts, für welchen er arbeitete, gegangen. Seine Schüler folgten ihm, und da sie ihn in der Wissenschaft nicht erreichten und ihren Werken auch dieser Wert fehlte, so wird der Mangel der Grazie, da der Verstand nicht beschäftigt ist, hier noch merklicher und anstößiger. Wie wenig Guglielmo della Porta, der beste aus dieser Schule, die Grazie und das Altertum begriffen hat, sieht man unter andern an dem Farnesischen Stier, an welchem die Dirce, bis auf den Gürtel, von seiner Hand ist. Johann Bologna, Algardi und Fiammingo sind große Künstler, aber unter den Alten, auch in dem Teile der Kunst, wovon wir reden.

Endlich erschien Lorenzo Bernini in der Welt, ein Mann von großem Talent und Geiste, aber dem die Grazie nicht einmal im Traume erschienen ist. Er wollte alle Teile der Kunst umfassen, war Maler, Baumeister und Bildhauer und suchte, als dieser, vornehmlich ein Original zu werden. Im achtzehnten Jahre machte er den Apollo und die Daphne, ein wunderbares Werk für ein solches Alter, und welches versprach, daß durch ihn die Bildhauerei auf ihren höchsten Gipfel kommen würde. Er machte hierauf seinen David, welcher jenem Werke nicht beikommt. Der allgemeine Beifall machte ihn stolz, und es scheint, sein Vorsatz sei gewesen, da er die alten Werke weder erreichen noch verdunkeln konnte, einen neuen Weg zu nehmen, den ihm der verderbte Geschmack selbiger Zeit erleichterte, auf welchem er die erste Stelle unter den Künstlern neuerer Zeit erhalten könnte, und es ist ihm gelungen. Von der Zeit an entfernte sich die Grazie gänzlich von ihm, weil sie sich mit seinem Vorhaben nicht reimen konnte. Denn er ergriff das entgegengesetzte Ende vom Altertum; seine Bilder suchte er in der gemeinen Natur, und sein Ideal ist von Geschöpfen unter einem ihm unbekannten Himmel genommen, denn in dem schönsten Teil von Italien ist die Natur anders als an seinen Bildern gestaltet. Er wurde als Gott der Kunst verehrt und nachgeahmt, und da nur die Heiligkeit, nicht die Weisheit Statuen erhält, so ist eine Berninische Figur besser für die Kirche als der Laokoon. Von Rom kannst du, mein Leser, sicher auf andere Länder schließen, und ich werde künftig Nachrichten dazu erteilen. Ein gepriesener Puget, Girardon, und wie die Meister in ong heißen, sind nicht besser. Was der beste Zeichner in Frankreich kann, zeigt eine Minerva in einem Kupferleisten zu Anfang der geschnittenen Steine von Mariette.

Die Grazien standen in Athen beim Aufgang nach dem heiligsten Orte zu; unsere Künstler sollten sie über ihre Werkstatt setzen und am Ringe tragen, zur unaufhörlichen Erinnerung, und ihnen opfern, um sich diese Göttinnen hold zu machen.

Ich habe mich in dieser kurzen Betrachtung vornehmlich auf die Bildhauerei eingeschränkt, weil man sie über Gemälde auch außer Italien machen kann, und der Leser wird das Vergnügen haben, selbst mehr zu entdecken, als ich gesagt habe. Ich streue nur einzelne Körner aus zu einer größeren Aussaat, wenn sich Muße und Umstände finden werden.

Beschreibung des Torso im Belvedere zu Rom

Ich teile hier eine Beschreibung des berühmten Torso im Belvedere mit, welcher insgemein der Torso vom Michelangelo genannt wird, weil dieser Künstler dieses Stück besonders hochgeschätzt und viel nach demselben studiert hat. Es ist eine verstümmelte Statue eines sitzenden Herkules, wie bekannt ist, und der Meister desselben ist Apollonius, des Nestors Sohn, von Athen. Diese Beschreibung geht nur auf das Ideal der Statue, sonderlich da sie idealisch ist, und ist ein Stück von einer ähnlichen Abbildung mehrerer Statuen.

Die erste Arbeit, an welche ich mich in Rom machte, war, die Statuen im Belvedere, nämlich den Apollo, den Laokoon, den sogenannten Antinous und diesen Torso, als das Vollkommenste der [bis auf uns gelangten] alten Bildhauerei, zu beschreiben. Die Vorstellung einer jeden Statue sollte zwei Teile haben: der erste in Absicht des Ideals, der andere nach der Kunst, und meine Meinung war, die Werke selbst von dem besten Künstler zeichnen und stechen zu lassen. Diese Unternehmung aber ging über mein Vermögen und würde auf dem Vorschub freigebiger Liebhaber beruhen; es ist daher dieser Entwurf, über welchen ich viel und lange gedacht habe, ungeendigt geblieben, und gegenwärtige Beschreibung selbst möchte noch die letzte Hand nötig haben.

Man sehe sie an als eine Probe von dem, was über ein so vollkommenes Werk der Kunst zu denken und zu sagen wäre, und als eine Anzeige von Untersuchung in der Kunst. Denn es ist nicht genug, zu sagen, daß etwas schön ist: man soll auch wissen, in welchem Grade und warum es schön sei. Dieses wissen die Antiquare in Rom nicht, wie mir diejenigen Zeugnis geben werden, die von ihnen geführt sind, und sehr wenige Künstler sind zur Einsicht des Hohen und Erhabenen in den Werken der Alten gelangt. Es wäre zu wünschen, daß sich jemand fände, dem die Umstände günstig sind, welcher eine Beschreibung der besten Statuen, wie sie zum Unterrichte junger Künstler und reisender Liebhaber unentbehrlich wäre, unternehmen und nach Würdigkeit ausführen könnte.

Ich führe dich jetzt zu dem so viel gerühmten und niemals genug gepriesenen Sturze eines Herkules, zu einem Werke, welches das vollkommenste in seiner Art und unter die höchsten Hervorbringungen der Kunst zu zählen ist, von denen, welche bis auf unsere Zeiten gekommen sind. Wie aber werde ich dir denselben beschreiben, da er der schönsten und der bedeutendsten Teile der Natur beraubt ist! So wie von einer prächtigen Eiche, welche umgehauen und von Zweigen und Ästen entblößt worden, nur der Stamm allein übriggeblieben ist, ebenso gemißhandelt und verstümmelt sitzt das Bild des Helden; Kopf, Arme und Beine und das Oberste der Brust fehlen.

Der erste Anblick wird dir vielleicht nichts als einen verunstalteten Stein entdecken; vermagst du aber in die Geheimnisse der Kunst einzudringen, so wirst du ein Wunder derselben erblicken, wenn du dieses Werk mit einem ruhigen Auge betrachtest. Alsdann wird dir Herkules wie mitten in allen seinen Unternehmungen erscheinen, und der Held und der Gott werden in diesem Stücke zugleich sichtbar werden.

Da, wo die Dichter aufgehört haben, hat der Künstler angefangen. Jene schwiegen, sobald der Held unter die Götter aufgenommen und mit der Göttin der ewigen Jugend ist vermählt worden, dieser aber zeigt uns denselben in einer vergötterten Gestalt und mit einem gleichsam unsterblichen Leibe, welcher dennoch Stärke und Leichtigkeit zu den großen Unternehmungen, die er vollbracht, behalten hat.

Ich sehe in den mächtigen Umrissen dieses Leibes die unüberwundene Kraft des Besiegers der gewaltigen Riesen, die sich wider die Götter empörten und in den phlegräischen Feldern von ihm erlegt wurden, und zu gleicher Zeit stellen mir die sanften Züge dieser Umrisse, die das Gebäude des Leibes leicht gelenksam machen, die geschwinden Wendungen desselben in dem Kampfe mit dem Achelous vor, der mit allen vielförmigen Verwandlungen seinen Händen nicht entgehen konnte.

In jedem Teile des Körpers offenbart sich, wie in einem Gemälde, der ganze Held in einer besonderen Tat, und man sieht, so wie die richtigen Absichten in dem vernünftigen Baue eines Palastes, hier den Gebrauch, zu welcher Tat ein jedes Teil gedient hat.

Ich kann das wenige, was von der Schulter noch zu sehen ist, nicht betrachten, ohne mich zu erinnern, daß auf ihrer ausgebreiteten Stärke, wie auf zwei Gebirgen, die ganze Last der himmlischen Kreise geruht hat. Mit was für einer Großheit wächst die Brust an, und wie prächtig ist die anhebende Rundung ihres Gewölbes! Eine solche Brust muß diejenige gewesen sein, auf welcher der Riese Antäus und der dreileibige Geryon erdrückt wurden. Keine Brust eines drei- und viermal gekrönten olympischen Siegers, keine Brust eines spartanischen Kriegers, von Helden geboren, muß sich so prächtig und erhoben gezeigt haben.

Fragt diejenigen, die das Schönste in der Natur der Sterblichen kennen, ob sie eine Seite gesehen haben, die mit der linken Seite zu vergleichen ist. Die Wirkung und Gegenwirkung ihrer Muskeln ist mit einem weislichen Maße von abwechselnder Regung und schneller Kraft wunderwürdig abgewogen, und der Leib mußte durch dieselbe zu allem, was er hat vollbringen wollen, tüchtig gemacht werden. So wie in einer anhebenden Bewegung des Meeres die zuvor stille Fläche in einer nebligen Unruhe mit spielenden Wellen anwächst, wo eine von der anderen verschlungen und aus derselben wiederum hervorgewälzt wird, ebenso sanft aufgeschwellt und schwebend gezogen fließt hier eine Muskel in die andere, und eine dritte, die sich zwischen ihnen erhebt und ihre Bewegung zu verstärken scheint, verliert sich in jene, und unser Blick wird gleichsam mit verschlungen.

Hier möchte ich stillestehen, um unseren Betrachtungen Raum zu geben, der Vorstellung ein immerwährendes Bild von dieser Seite einzudrücken, allein die hohen Schönheiten sind hier in einer unzertrennlichen Mitteilung. Was für ein Begriff erwächst zugleich hierher aus den Hüften, deren Festigkeit andeuten kann, daß der Held niemals gewankt und nie sich beugen müssen!

In diesem Augenblicke durchfährt mein Geist die entlegensten Gegenden der Welt, durch welche Herkules gezogen ist, und ich werde bis an die Grenzen seiner Mühseligkeiten und bis an die Denkmale und Säulen, wo sein Fuß ruhte, geführt durch den Anblick der Schenkel von unerschöpflicher Kraft und von einer den Gottheiten eigenen Länge, die den Held durch hundert Länder und Völker bis zur Unsterblichkeit getragen haben. Ich fing an, diese entfernten Züge zu überdenken, da mein Geist zurückgerufen wird durch einen Blick auf seinen Rücken. Ich wurde entzückt, da ich diesen Körper von hinten ansah, so wie ein Mensch, der nach Bewunderung des prächtigen Portals an einem Tempel auf die Höhe desselben geführt würde, wo ihn das Gewölbe desselben, welches er nicht übersehen kann, von neuem in Erstaunen setzt.

Ich sehe hier den vornehmsten Bau der Gebeine dieses Leibes, den Ursprung der Muskeln und den Grund ihrer Lage und Bewegung, und dieses alles zeigt sich wie eine von der Höhe der Berge entdeckte Landschaft, über welche die Natur den mannigfaltigen Reichtum ihrer Schönheiten ausgegossen. So wie die lustigen Höhen derselben sich mit einem sanften Abhange in gesenkte Täler verlieren, die hier sich schmälern und dort erweitern, so mannigfaltig, prächtig und schön erheben sich hier schwellende Hügel von Muskeln, um welche sich oft unmerkliche Tiefen, gleich dem Strome des Mäanders, krümmen, die weniger dem Gesichte als dem Gefühle offenbar werden.

Scheint es unbegreiflich, außer dem Haupte, in einem anderen Teil des Körpers eine denkende Kraft zu zeigen, so lernt hier, wie die Hand eines schöpferischen Meisters die Materie geistig zu machen vermögend ist. Mich deucht, es bilde mir der Rücken, welcher durch hohe Betrachtungen gekrümmt scheint, ein Haupt, das mit einer frohen Erinnerung seiner erstaunenden Taten beschäftigt ist, und indem sich so ein Haupt voll von Majestät und Weisheit vor meinen Augen erhebt, so fangen sich an in meinen Gedanken die übrigen mangelhaften Glieder zu bilden: es sammelt sich ein Ausfluß aus dem Gegenwärtigen und wirkt gleichsam eine plötzliche Ergänzung.

Die Macht der Schulter deutet mir an, wie stark die Arme gewesen, die den Löwen auf dem Gebirge Cithäron erwürgt, und mein Auge sucht sich diejenigen zu bilden, die den Cerberus gebunden und weggeführt haben. Seine Schenkel und das erhaltene Knie geben mir einen Begriff von den Beinen, die niemals ermüdet sind und den Hirsch mit Füßen von Erz verfolgt und erreicht haben.

Durch eine geheime Kunst aber wird der Geist durch alle Taten seiner Stärke bis zur Vollkommenheit seiner Seele geführt, und in diesem Sturze ist ein Denkmal derselben, welches ihm kein Dichter, die nur die Stärke seiner Arme besingen, errichtet: der Künstler hat sie übertroffen. Sein Bild des Helden gibt keinem Gedanken von Gewalttätigkeit und von ausgelassener Liebe Platz. In der Ruhe und Stille des Körpers offenbart sich der gesetzte große Geist, der Mann, welcher sich aus Liebe zur Gerechtigkeit den größten Gefährlichkeiten ausgesetzt, der den Ländern Sicherheit und den Einwohnern Ruhe geschafft.

Diese vorzügliche und edle Form einer so vollkommenen Natur ist gleichsam in die Unsterblichkeit eingehüllt, und die Gestalt ist bloß wie ein Gefäß derselben; ein höherer Geist scheint den Raum der sterblichen Teile eingenommen und sich an die Stelle derselben ausgebreitet zu haben. Es ist nicht mehr der Körper, welcher annoch wider Ungeheuer und Friedensstörer zu streiten hat, es ist derjenige, der auf dem Berge Öta von den Schlacken der Menschlichkeit gereinigt worden, die sich von dem Ursprunge der Ähnlichkeit des Vaters der Götter abgesondert.

So vollkommen hat weder der geliebte Hyllus noch die zärtliche Iole den Herkules gesehen; so lag er in den Armen der Hebe, der ewigen Jugend, und zog in sich einen unaufhörlichen Einfluß derselben. Von keiner sterblichen Speise und groben Teilen ist sein Leib ernährt; ihn erhält die Speise der Götter, und er scheint nur zu genießen, nicht zu nehmen, und völlig, ohne angefüllt zu sein.

Oh, möchte ich dieses Bild in der Größe und Schönheit sehen, in welcher es sich dem Verstande des Künstlers geoffenbart hat, um nur allein von dem Überreste sagen zu können, was er gedacht hat und wie ich denken sollte! Mein großes Glück nach dem seinigen würde sein, dieses Werk würdig zu beschreiben. Voller Betrübnis aber bleibe ich stehen, und so wie Psyche anfing, die Liebe zu beweinen, nachdem sie dieselbe kennengelernt, bejammere ich den unersetzlichen Schaden dieses Herkules, nachdem ich zur Einsicht der Schönheit desselben gelangt bin.

Die Kunst weint zugleich mit mir, denn das Werk, welches sie den größten Erfindungen des Witzes und Nachdenkens entgegensetzen und durch welches sie noch jetzt ihr Haupt wie in ihren goldenen Zeiten zu der größten Höhe menschlicher Achtung erheben könnte, dieses Werk, welches vielleicht das letzte ist, an welches sie ihre äußersten Kräfte gewendet hat, muß sie halb vernichtet und grausam gemißhandelt sehen. Wem wird hier nicht der Verlust so vieler hundert anderer Meisterstücke derselben zu Gemüte geführt! Aber die Kunst, welche uns weiter unterrichten will, ruft uns von diesen traurigen Überlegungen zurück und zeigt uns, wie viel noch aus dem Übriggebliebenen zu lernen ist und mit was für einem Auge es der Künstler ansehen müsse.

Beschreibung des Apollo im Belvedere

Die Statue des Apollo ist das höchste Ideal der Kunst unter allen Werken des Altertums, welche der Zerstörung entgangen sind. Der Künstler derselben hat dieses Werk gänzlich auf das Ideal gebaut, und er hat nur eben so viel von der Materie dazu genommen, als nötig war, seine Absicht auszuführen und sichtbar zu machen. Dieser Apollo übertrifft alle andere Bilder desselben so weit als der Apollo des Homerus den, welchen die folgenden Dichter malen. Über die Menschheit erhaben ist sein Gewächs, und sein Stand zeugt von der ihn erfüllenden Größe. Ein ewiger Frühling, wie in dem glücklichen Elysien, bekleidet die reizende Männlichkeit vollkommener Jahre mit gefälliger Jugend und spielt mit sanften Zärtlichkeiten auf dem stolzen Gebäude seiner Glieder. Gehe mit deinem Geiste in das Reich unkörperlicher Schönheiten und versuche, ein Schöpfer einer himmlischen Natur zu werden, um den Geist mit Schönheiten, die sich über die Natur erheben, zu erfüllen; denn hier ist nichts Sterbliches, noch was die menschliche Dürftigkeit erfordert. Keine Adern noch Sehnen erhitzen und regen diesen Körper, sondern ein himmlischer Geist, der sich wie ein sanfter Strom ergossen, hat gleichsam die ganze Umschreibung dieser Figur erfüllt. Er hat den Python, wider welchen er zuerst seinen Bogen gebraucht, verfolgt, und sein mächtiger Schritt hat ihn erreicht und erlegt. Von der Höhe seiner Genugsamkeit geht sein erhabener Blick, wie ins Unendliche, weit über seinen Sieg hinaus. Verachtung sitzt auf seinen Lippen, und der Unmut, welchen er in sich zieht, bläht sich in den Nüstern seiner Nase und tritt bis in die stolze Stirn hinauf. Aber der Friede, welcher in seiner seligen Stille auf derselben schwebt, bleibt ungestört, und sein Auge ist voll Süßigkeit, wie unter den Musen, die ihn zu umarmen suchen. In allen uns übrigen Bildern des Vaters der Götter, welche die Kunst verehrt, nähert er sich nicht der Größe, in welcher er sich dem Verstande des göttlichen Dichters offenbare, wie hier in dem Gesichte des Sohnes, und die einzelnen Schönheiten der übrigen Götter treten hier, wie bei der Pandora, in Gemeinschaft zusammen. Eine Stirn des Jupiters, die mit der Göttin der Weisheit schwanger ist, und Augenbrauen, die durch ihr Winken ihren Willen erklären, Augen der Königin der Göttinnen, mit Großheit gewölbt, und ein Mund, welcher denjenigen bildet, der dem geliebten Branchus die Wollüste eingeflößt. Sein weiches Haar spielt wie die zarten und flüssigen Schlingen edler Weinreben, gleichsam von einer sanften Luft bewegt, um dieses göttliche Haupt. Es scheint gesalbt mit dem Öl der Götter und von den Grazien mit holder Pracht auf seinem Scheitel gebunden. Ich vergesse alles andere über dem Anblicke dieses Wunderwerks der Kunst, und ich nehme selbst einen erhabenen Stand an, um mit Würdigkeit anzuschauen. Mit Verehrung scheint sich meine Brust zu erweitern und zu erheben, wie diejenigen, die ich wie vom Geiste der Weissagung aufgeschwellt sehe, und ich fühle mich weggerückt nach Delos und in die lykischen Haine, Orte, welche Apollo mit seiner Gegenwart beehrte, denn mein Bild scheint Leben und Bewegung zu bekommen, wie des Pygmalions Schönheit. Wie ist es möglich, es zu malen und zu beschreiben! Die Kunst selbst müßte mir raten und die Hand leiten, die ersten Züge, welche ich hier entworfen habe, künftig auszuführen. Ich lege den Begriff, welchen ich von diesem Bilde gegeben habe, zu dessen Füßen, wie die Kränze derjenigen, die das Haupt der Gottheiten, welche sie krönen wollten, nicht erreichen konnten.

Abhandlung von der Fähigkeit der Empfindung des Schönen in der Kunst und dem Unterrichte in derselben

Ὄμως δε λυσαι δυνατος οξειαν
επιμομφαν ὁ τοκος ανδρων.

Pind. Ol. 10

Mein Freund!

Über den Verzug dieses Ihnen versprochenen Entwurfs von der Fähigkeit, das Schöne in der Kunst zu empfinden, erkläre ich mich mit dem Pindarus, da er den Agesidamus, einen edlen Jüngling von Lokri, »welcher schön von Gestalt und mit der Grazie übergossen war«, auf eine ihm zugedachte Ode lange hatte warten lassen: »Die mit Wucher bezahlte Schuld«, sagt er, »hebt den Vorwurf.« Dieses kann ihre Gütigkeit auf gegenwärtige Abhandlung deuten, welche umständlicher ausgefallen ist, als es die anfängliche Meinung war, da das Versprochene unter andern sogenannten Römischen Briefen erscheinen sollte.

Der Inhalt ist von Ihnen selbst hergenommen. Unser Umgang ist kurz und zu kurz für Sie und für mich gewesen, aber die Übereinstimmung der Geister meldete sich bei mir, da ich Sie das erstemal erblickte. Ihre Bildung ließ mich auf das, was ich wünschte, schließen, und ich fand in einem schönen Körper eine zur Tugend geschaffene Seele, die mit der Empfindung des Schönen begabt ist. Es war mir daher der Abschied von Ihnen einer der schmerzlichsten meines Lebens, und unser gemeinschaftlicher Freund ist Zeuge davon, auch nach Ihrer Abreise, denn Ihre Entfernung, unter einem entlegenen Himmel, läßt mir keine Hoffnung übrig, Sie wiederzusehen. Es sei dieser Aufsatz ein Denkmal unserer Freundschaft, die bei mir rein ist von allen ersinnlichen Absichten und Ihnen beständig unterhalten und geweiht bleibt.

Die Fähigkeit, das Schöne in der Kunst zu empfinden, ist ein Begriff, welcher zugleich die Person und Sache, das Enthaltende und das Enthaltene in sich faßt, welches ich aber in eins schließe, so daß ich hier vornehmlich auf das erstere mein Absehen richte und vorläufig bemerke, daß das Schöne von weiterem Umfange als die Schönheit ist. Diese geht eigentlich die Bildung an und ist die höchste Absicht der Kunst, jenes erstreckt sich auf alles, was gedacht, entworfen und ausgearbeitet wird.

Es ist mit dieser Fähigkeit wie mit dem gemeinen gesunden Verstande; ein jeder glaubt, denselben zu besitzen, welcher gleichwohl seltener als der Witz ist. Weil man Augen hat wie ein anderer, so will man so gut als ein anderer sehen können. So wie sich selbst nicht leicht ein Mädchen für garstig hält, so verlangt ein jeder das Schöne zu kennen. Es ist nichts empfindlicher, als jemandem den guten Geschmack, welcher in einem andern Worte eben diese Fähigkeit bedeutet, absprechen wollen. Man bekennt sich selbst eher mangelhaft in allen Arten von Kenntnissen, als daß man den Vorwurf höre, zur Kenntnis des Schönen unfähig zu sein. Die Unerfahrenheit in dieser Kenntnis gesteht man zur Not zu, aber die Fähigkeit zu derselben will man behaupten. Es ist dieselbe, wie der poetische Geist, eine Gabe des Himmels, bildet sich aber so wenig wie dieser von sich selbst und würde ohne Lehre und Unterricht leer und tot bleiben. Folglich hat diese Abhandlung zwei Stücke: diese natürliche Fähigkeit überhaupt und den Unterricht in derselben.

Die Fähigkeit der Empfindung des Schönen hat der Himmel allen vernünftigen Geschöpfen, aber in sehr verschiedenem Grade, gegeben. Die meisten sind wie die leichten Teile, welche ohne Unterschied von einem geriebenen elektrischen Körper angezogen werden und bald wiederum abfallen; daher ist ihr Gefühl kurz, wie der Ton in einer kurzgespannten Saite. Das Schöne und das Mittelmäßige ist denselben gleich willkommen, wie das Verdienst und der Pöbel bei einem Menschen von ungemessener Höflichkeit. Bei einigen befindet sich diese Fähigkeit in so geringem Grade, daß sie in Austeilung derselben von der Natur übergangen zu sein scheinen könnten, und von dieser Art war ein junger Brite vom ersten Range, welcher im Wagen nicht einmal ein Zeichen des Lebens und seines Daseins gab, da ich ihm eine Rede hielt über die Schönheit des Apollo und anderer Statuen der ersten Klasse. Von einem ähnlichen Gemächte muß die Empfindung des Grafen Malvasia, des Verfassers der »Leben der bolognesischen Maler«, gewesen sein. Dieser Schwätzer nennt den großen Raffael einen urbinatischen Hafner, nach der pöbelhaften Sage, daß dieser Gott der Künstler Gefäße bemalt, welche die Unwissenheit jenseits der Alpen als eine Seltenheit aufgezeigt. Er entsieht sich nicht, vorzugeben, daß die Carracci sich verdorben durch die Nachahmung des Raffael. Auf solche Menschen wirken die wahren Schönheiten der Kunst wie der Nordschein, welcher leuchtet und nicht erhitzt. Man sollte beinahe sagen, sie wären von der Art »Geschöpfe, welche«, wie Sanchuniathon sagt, »keine Empfindung haben«. Wenn auch das Schöne in der Kunst lauter Gesicht wäre, wie, nach den Ägyptern, Gott lauter Auge ist, würde es dennoch so, in einem Teile vereint, viele nicht reizen.

Man könnte auch auf die Seltenheit dieser Empfindung aus dem Mangel von Schriften, die das Schöne lehren, einen Schluß machen, denn vom Plato an bis auf unsere Zeit sind die Schriften dieser Art vom allgemeinen Schönen leer, ohne Unterricht und von niedrigem

Gehalte; das Schöne in der Kunst haben einige Neuere berühren wollen, ohne es gekannt zu haben. Hiervon könnte ich Ihnen, mein Freund, durch ein Schreiben des berühmten Herrn von Stosch, des größten Altertumskundigen unserer Zeiten, einen neuen Beweis geben. Er wollte mir in demselben zu Anfang unseres Briefwechsels, weil er mich persönlich nicht kannte, Unterricht geben über den Rang der besten Statuen und über die Ordnung, in welcher ich dieselben zu betrachten hätte. Ich erstaunte, da ich sah, daß ein so berufener Antiquarius den vatikanischen Apollo, das Wunder der Kunst, nach dem schlafenden Faun im Palaste Barberini, welches eine Waldnatur ist, nach dem Kentaur in der Villa Borghese, welcher keiner idealischen Schönheit fähig ist, nach den zwei alten Satyrs im Campidoglio und nach dem Justinianischen Bock, an welchem das beste Stück der Kopf nur ist, setzte. Die Niobe und ihre Töchter, die Muster der höchsten weiblichen Schönheit, haben den letzten Platz in dessen Ordnung. Ich überführte ihn seiner irrigen Rangordnung, und seine Entschuldigung war, daß er in jungen Jahren die Werke der alten Kunst in Gesellschaft zweier noch lebender Künstler jenseit der Gebirge gesehen, auf deren Urteil das seinige sich bisher gegründet habe. Es wurden verschiedne Briefe zwischen uns gewechselt über ein rundes Werk in der Villa Panfili, mit erhobenen Figuren, welches er für das alleralteste Denkmal der griechischen Kunst hielt und ich hingegen für eines der spätesten unter den Kaisern. Was für Grund hatte dessen Meinung? Man hatte das Schlechteste für das Älteste angesehen, und mit ebendiesem System geht Natter in seinen »Geschnittenen Steinen«, welches aus dem, was er über die dritte und sechste Kupferplatte vorbringt, zu erweisen ist. Ebenso falsch ist dessen Urteil über das vermeintliche hohe Altertum der Steine auf der achten bis zur zwölften Platte. Er geht hier nach der Geschichte und glaubt, eine sehr alte Begebenheit, wie der Tod des Othryades ist, müsse auch einen sehr alten Künstler voraussetzen. Durch solche Kenner ist der vorgegebene Seneca im Bade, in der Villa Borghese, in Achtung gekommen, welcher ein Gewebe von strickmäßigen Adern ist und in meinen Augen der Kunst des Altertums kaum würdig zu achten. Dieses Urteil wird den meisten einer Ketzerei ähnlich sehen, und ich würde dasselbe vor ein paar Jahren noch nicht öffentlich gewagt haben.

Diese Fähigkeit wird durch gute Erziehung erweckt und zeitiger gemacht und meldet sich eher als in vernachlässigter Erziehung, welche dieselbe aber nicht ersticken kann, wie ich hier an meinem Teile weiß. Es wickelt sich dieselbe aber eher an großen als kleinen Orten aus, und im Umgange mehr als durch Gelehrsamkeit; denn das viele Wissen, sagen die Griechen, erweckt keinen gesunden Verstand, und die sich durch bloße Gelehrsamkeit in den Altertümern bekannt gemacht haben, sind auch derselben weiter nicht kundig worden. In gebornen Römern, wo dieses Gefühl vor andern zeitiger und reifer werden könnte, bleibt dasselbe in der Erziehung sinnlos und bildet sich nicht, weil die Menschen der Henne gleich sind, die über das Korn, welches vor ihr liegt, hingeht, um das entferntere zu nehmen: was wir täglich vor Augen haben, pflegt kein Verlangen zu erwecken. Es lebt noch jetzt ein bekannter Maler, Nikolaus Ricciolini, ein geborener Römer und ein Mann von großem Talente und Wissenschaft, auch außer seiner Kunst, welcher vor ein paar Jahren und allererst im siebenzigsten Jahre seines Alters die Statuen in der Villa Borghese zum ersten Male sah. Es hat derselbe die Baukunst aus dem Grunde studiert, und dennoch hat er eines der schönsten Denkmale, nämlich das Grab der Cäcilia Metella, des Crassus Frau, nicht gesehen, ohnerachtet er, als ein Liebhaber der Jagd, weit und breit außer Rom umhergestreift ist. Es sind daher aus besagten Ursachen, außer dem Giulio Romano, wenig berühmte Künstler von gebornen Römern aufgestanden; die meisten, welche in Rom ihren Ruhm erlangt haben, sowohl Maler als Bildhauer und Baumeister, waren Fremde, und es tut sich auch jetzt kein Römer in der Kunst hervor. Dieser Erfahrung zufolge nenne ich ein Vorurteil, geborne Römer zu Zeichnern der Gemälde einer Galerie in Deutschland mit großen Kosten verschrieben zu haben, wo man geschicktere Künstler fand.

Bei angehender Jugend ist diese Fähigkeit, wie eine jede Neigung, in dunkele und verworrene Rührungen eingehüllt und meldet sich wie ein fliegendes Jucken in der Haut, dessen eigentlichen Ort man im Kratzen nicht treffen kann. Es ist dieselbe in wohlgebildeten Knaben eher als in andern zu suchen, weil wir insgemein denken, wie wir gemacht sind, in der Bildung aber weniger als im Wesen und in der Gemütsart. Ein weiches Herz und folgsame Sinne sind Zeichen solcher Fähigkeit. Deutlicher entdeckt sich dieselbe, wenn in Lesung eines Skribenten die Empfindung zärtlicher gerührt wird, wo der wilde Sinn überhinfährt, wie dieses verschiedentlich geschehen würde in der Rede des Glaucus an den Diomedes, welches die rührende Vergleichung des menschlichen Lebens mit Blättern ist, die der Wind abwirft und die im Frühlinge wiederum hervorsprossen. Wo diese Empfindung nicht ist, predigt man Blinden die Kenntnis des Schönen, wie die Musik einem nicht musikalischen Gehöre. Ein näheres Zeichen ist bei Knaben, die nicht nahe bei der Kunst erzogen werden, noch eigens zu derselben bestimmt sind, ein natürlicher Trieb zum Zeichnen, welcher wie der zur Poesie und Musik eingeboren ist.

Da ferner die menschliche Schönheit, zur Kenntnis, in einen allgemeinen Begriff zu fassen ist, so habe ich bemerkt, daß diejenigen, welche nur allein auf Schönheiten des weiblichen Geschlechts aufmerksam sind und durch Schönheiten in unserem Geschlechte wenig oder gar nicht gerührt werden, die Empfindung des Schönen in der Kunst nicht leicht eingeboren, allgemein und lebhaft haben. Es wird dasselbe bei diesen in der Kunst der Griechen mangelhaft bleiben, da die größten Schönheiten derselben mehr von unserm als von dem andern Geschlechte sind. Mehr Empfindung aber wird zum Schönen in der Kunst als in der Natur erfordert, weil jenes, wie die Tränen im Theater, ohne Schmerz, ohne Leben ist und durch die Einbildung erweckt und ersetzt werden muß. Da aber diese weit feuriger in der Jugend als im männlichen Alter ist, so soll die Fähigkeit, von welcher wir reden, zeitig geübt und auf das Schöne geführt werden, ehe das Alter kommt, in welchem wir uns entsetzen zu bekennen, es nicht zu fühlen.

Es ist aber, wenn jemand das Schlechte bewundert, nicht allezeit zu schließen, daß er die Fähigkeit dieser Empfindung nicht habe. Denn so wie Kinder, welchen man zuläßt, alles, was sie anschauen, nahe vor Augen zu halten, schielen lernen würden, ebenso kann die Empfindung verwöhnt und unrichtig werden, wenn die Vorwürfe der ersten betrachtenden Jahre mittelmäßig oder schlecht gewesen. Ich erinnere mich, daß Personen von Talent an Orten, wo die Kunst ihren Sitz nicht nehmen kann, über die hervorliegenden Adern an den Männerchen in unseren alten Domkirchen viel sprachen, um ihren Geschmack zu zeigen. Diese hatten nichts Besseres gesehen, wie die Mailänder, die ihren Dom der Kirche von St. Peter zu Rom vorziehen.

Das wahre Gefühl des Schönen gleicht einem flüssigen Gipse, welcher über den Kopf des Apollo gegossen wird und denselben in allen Teilen berührt und umgibt. Der Vorwurf dieses Gefühls ist nicht, was Trieb, Freundschaft und Gefälligkeit anpreisen, sondern was der innere, feinere Sinn, welcher von allen Absichten geläutert sein soll, um des Schönen willen selbst, empfindet. Sie werden hier sagen, mein Liebster, ich stimme mit Platonischen Begriffen an, die vielen diese Empfindungen absprechen könnten. Sie wissen aber, daß man im Lehren, wie in Gesetzen, den höchsten Ton suchen muß, weil die Saite von selbst nachläßt. Ich sage, was sein sollte, nicht was zu sein pflegt, und mein Begriff ist wie die Probe von der Richtigkeit der Rechnung.

Das Werkzeug dieser Empfindung ist der äußere Sinn, und der Sitz derselben der innere; jener muß richtig und dieser empfindlich und fein sein. Es ist aber die Richtigkeit des Auges eine Gabe, welche vielen mangelt, wie ein feines Gehör und ein empfindlicher Geruch. Einer der berühmtesten gegenwärtigen Sänger in Italien hat alle Eigenschaften seiner Kunst, bis auf ein richtiges Gehör; ihm fehlt das, was der blinde Saunderson, des Newtons Nachfolger, überflüssig hatte. Viele Ärzte würden geschickter sein, wenn sie ein feines Gefühl erlangt hätten. Unser Auge wird vielmals durch die Optik und nicht selten durch sich selbst betrogen.

Die Richtigkeit des Auges besteht in Bemerkung der wahren Gestalt und Größe der Vorwürfe, und die Gestalt geht sowohl auf die Farbe als auf die Form. Die Farben müssen die Künstler nicht auf gleiche Weise sehen, weil sie dieselben verschiedentlich nachahmen. Zum Beweise desselben will ich nicht das überhaupt schlechte Kolorit einiger Maler, als des Poussin, anführen, weil dasselbe zum Teil an Vernachlässigung, an schlechter Anführung und an der Ungeschicklichkeit liegt. Ich schließe unterdessen aus dem, was ich selbst ausführen gesehen, daß solche Maler ihr schlechtes Kolorit nicht erkennen. Einer der besten britischen Maler hätte seinen Tod des Hektor, in Lebensgröße, wo das Kolorit weit unter der Zeichnung ist, weniger geschätzt; dieses Stück wird in weniger Zeit zu Rom in Kupfer gestochen erscheinen. Mein Satz gründet sich vornehmlich auf diejenigen Künstler, die unter die guten Koloristen gezählt werden und gewisse Mängel haben, und ich kann hier den berühmten Friedrich Barocci anführen, dessen Fleisch ins Grünliche fällt. Es hatte derselbe eine besondere Art, die erste Anlage des Nackenden mit Grün zu machen, wie man an einigen unvollendeten Stücken in der Galerie Albani augenscheinlich erkennt. Das Kolorit, welches in des Guido Werken sanft und fröhlich ist, und stark, trübe und vielmals traurig im Guercino erscheint, liest man sogar auf dem Gesichte dieser beiden Künstler.

Nicht weniger verschieden sind die Künstler in Vorstellung der wahren Gestalt der Form, welches man schließen muß aus den unvollkommenen Entwürfen derselben in ihrer Einbildung. Barocci ist an seinen sehr gesenkten Profilen des Gesichts, Pietro von Cortona an dem kleinlichen Kinne seiner Köpfe und Parmigianino an dem langen Ovale und an den langen Fingern kenntlich. Ich will aber nicht behaupten, daß zu der Zeit, da alle Figuren gleichsam schwindsüchtig waren, wie vor dem Raffael, und da dieselben wie wassersüchtig wurden durch den Bernini, allen Künstlern die Richtigkeit des Auges gemangelt habe, denn hier liegt die Schuld an einem falschen System, welches man wählte und ihm blindlings folgte. Mit der Größe hat es ebendie Bewandtnis. Wir sehen, daß Künstler auch in Porträts, in dem Maße der Teile, die sie in Ruhe und nach ihrem Wunsche sehen, fehlen; an einigen ist der Kopf kleiner oder größer, an andern die Hände, der Hals ist zuweilen zu lang oder zu kurz, usf. Hat das Auge in einigen Jahren von beständiger Übung diese Proportion nicht erlangt, so ist dieselbe vergebens zu hoffen.

Da nun dasjenige, was wir auch an geübten Künstlern bemerken, von einer Unrichtigkeit ihres Auges herrührt, so wird dieses noch häufiger bei anderen Personen sein, die diesen Sinn nicht auf gleiche Art geübt haben. Ist aber die Anlage zur Richtigkeit vorhanden, so wird dieselbe durch die Übung gewiß, wie selbst im Gesichte geschehen kann. Der Herr Kardinal Alexander Albani ist imstande, bloß durch Tasten und Fühlen vieler Münzen zu sagen, welchen Kaiser dieselben vorstellen.

Wenn der äußere Sinn richtig ist, so ist zu wünschen, daß der innere diesem gemäß vollkommen sei, denn es ist derselbe wie ein zweiter Spiegel, in welchem wir das Wesentliche unserer eigenen Ähnlichkeit, durch das Profil, sehen. Der innere Sinn ist die Vorstellung und Bildung der Eindrücke in dem äußeren Sinne und, mit einem Worte, was wir Empfindung nennen. Der innere Sinn aber ist nicht allezeit dem äußeren proportioniert, das ist, es ist jener nicht in gleichem Grade empfindlich mit der Richtigkeit von diesem, weil er mechanisch verfährt, wo dort eine geistige Wirkung ist. Es kann also richtige Zeichner geben ohne Empfindung, und ich kenne einen solchen; diese aber sind höchstens nur geschickt, das Schöne nachzuahmen, nicht selbst zu finden und zu entwerfen. Dem Bernini war diese Empfindung in der Bildhauerei von der Natur versagt, Lorenzetto aber war mit derselben, wie es scheint, mehr als andere Bildhauer neuerer Zeiten begabt. Er war des Raffael Schüler, und sein Jonas in der Kapelle Chigi ist bekannt. Ein vollkommeneres Werk aber von ihm im Pantheon, eine stehende Madonna, noch einmal so groß als die Natur, welche er nach seines Meisters Tode machte, wird von niemand bemerkt. Ein anderer verdienter Bildhauer ist noch weniger bekannt, er heißt Lorenzo Ottone, ein Schüler des Herkules Ferrata, und von demselben ist eine stehende h. Anna in ebendem Tempel, so daß zwei der besten neueren Statuen an ebendem Orte stehen. Die schönsten Figuren neuerer Bildhauer neben diesen sind der h. Andreas von Fiammingo und die »Religion« von Legros in der Kirche al Gesu. Ich begehe hier eine Ausschweifung, welche, weil sie unterrichtet, Verzeihung verdient. Dieser innere Sinn, von welchem ich rede, muß fertig, zart und bildlich sein.

Fertig und schnell muß derselbe sein, weil die ersten Eindrücke die stärksten sind und vor der Überlegung vorhergehen; was wir durch diese empfinden, ist schwächer. Dieses ist die allgemeine Rührung, welche uns auf das Schöne zieht, und kann dunkel und ohne Gründe sein, wie mit allen ersten und schnellen Eindrücken zu geschehen pflegt, bis die Untersuchung der Stücke die Überlegung zuläßt, annimmt und erfordert. Wer hier von Teilen auf das Ganze gehen wollte, würde ein grammatikalisches Gehirn zeigen und schwerlich eine Empfindung des Ganzen und eine Entzückung in sich erwecken.

Zart muß dieser Sinn mehr als heftig sein, weil das Schöne in der Harmonie der Teile besteht, deren Vollkommenheit ein sanftes Steigen und Sinken ist, die folglich in unsere Empfindung gleichmäßig wirkt und dieselbe mit einem sanften Zuge führt, nicht plötzlich fortreißt. Alle heftigen Empfindungen gehen über das Mittelbare hinweg zum Unmittelbaren, da das Gefühl hingegen gerührt werden soll, wie ein schöner Tag entsteht durch Anmeldung einer lieblichen Morgenröte. Es ist auch die heftige Empfindung der Betrachtung und dem Genuß des Schönen nachteilig, weil sie kurz ist, denn sie führt auf einmal dahin, was sie stufenweise fühlen sollte. Auch in dieser Betrachtung scheint das Altertum seine Gedanken in Bilder eingekleidet zu haben und verdeckte den Sinn derselben, um dem Verstande das Vergnügen zu gönnen, mittelbar dahin zu gelangen. Es sind daher sehr feurige, flüchtige Köpfe zur Empfindung des Schönen nicht die fähigsten, und so wie der Genuß unser selbst und das wahre Vergnügen in der Ruhe des Geistes und des Körpers zu erlangen ist, so ist es auch das Gefühl und der Genuß des Schönen, welches also zart und sanft sein muß und wie ein milder Tau kommt, nicht wie ein Platzregen. Da sich auch das wahre Schöne der menschlichen Figur insgemein in der unschuldigen stillen Natur einzukleiden pflegt, so will es durch einen ähnlichen Sinn gefühlt und erkannt werden. Hier ist kein Pegasus nötig, durch die Luft zu fahren, sondern Pallas, die uns führt.

Die dritte von mir angegebene Eigenschaft des inneren Gefühls, welche in einer lebhaften Bildung des betrachteten Schönen besteht, ist eine Folge der beiden ersteren und nicht ohne jene, aber ihre Kraft wächst, wie das Gedächtnis, durch die Übung, welche zu jenen nichts beiträgt. Das empfindlichste Gefühl kann diese Eigenschaft unvollkommener als ein geübter Maler ohne Gefühl haben, dergestalt, daß das eingedrückte Bild allgemein lebhaft und deutlich ist, aber geschwächt wird, wenn wir uns dasselbe stückweise genau vorstellen wollen, wie es mit dem Bilde des entfernten Geliebten zu geschehen pflegt, wie wir auch in den meisten Dingen erfahren. Zu sehr in das Geteilte gehen wollen macht das Ganze verlieren. Ein bloß mechanischer Maler aber, dessen vornehmstes Werk das Porträt ist, kann durch nötige Übung seine Einbildung erhöhen und stärken, daß dieselbe fähig wird, ein anschauliches Bild nach allen Teilen sich einzuprägen und stückweise zu wiederholen.

Es ist also diese Fähigkeit als eine seltene Gabe des Himmels zu schätzen, welcher den Sinn zum Genusse des Schönen und des Lebens selbst hierdurch fähig gemacht hat, als dessen Glückseligkeit in einer Dauer angenehmer Empfindung besteht.

Über den Unterricht zu der Fähigkeit, das Schöne in der Kunst zu empfinden, welcher das zweite Stück dieser Abhandlung ist, kann zuerst ein allgemeiner Vorschlag gemacht werden, welcher hernach durch besondere Erinnerungen in den drei schönen Künsten eine nähere Anwendung haben kann. Dieser Vorschlag aber ist, wie dieser Entwurf, nicht für junge Leute, welche nur um ihr notdürftiges Brot lernen und weiter nicht hinausdenken können, welches sich von selbst versteht, sondern für die, welche, nebst der Fähigkeit, Mittel, Gelegenheit und Muße haben, und diese ist sonderlich nötig. Denn die Betrachtung der Werke der Kunst ist, wie Plinius sagt, für müßige

Menschen, das ist, die nicht den ganzen Tag ein schweres und unfruchtbares Feld zu bauen verdammt sind. Die mir gegönnte Muße ist eine der größten Glückseligkeiten, die mir das gütige Geschick durch meinen erhabensten Freund und Herrn in Rom finden lassen, welcher, solang ich bei und mit ihm lebe, keinen Federstrich von mir verlangt hat, und diese selige Muße hat mich in Stand gesetzt, mich der Betrachtung der Kunst nach meinem Wunsche zu überlassen.

Mein Vorschlag zum Unterrichte eines Knaben, an welchem sich die Spuren der gewünschten Fähigkeit zeigen, ist folgender: Zuerst sollte dessen Herz und Empfindung durch Erklärung der schönsten Stellen alter und neuer Skribenten, sonderlich der Dichter, rührend erweckt und zu eigener Betrachtung des Schönen in aller Art zubereitet werden, weil dieser Weg zur Vollkommenheit führt. Zu gleicher Zeit sollte dessen Auge an Beobachtung des Schönen in der Kunst gewöhnt werden, welches notdürftig in allen Ländern geschehen kann.

Man lege demselben anfänglich die alten Werke in erhobener Arbeit nebst den alten Gemälden vor, welche Santes Bartoli gestochen und die Schönheit dieser Werke mit Wahrheit und mit gutem Geschmacke angedeutet hat. Ferner kann die sogenannte Bibel des Raffael gesucht werden, das ist die Geschichte des alten Testaments, welche dieser große Künstler an dem Gewölbe eines offenen Ganges im vatikanischen Palaste teils selbst gemalt, teils nach seinen Zeichnungen ausführen lassen. Dieses Werk ist auch von vorgedachtem Bartoli gestochen. Diese zwei Werke werden einem unverwöhnten Auge sein, was eine richtige Vorschrift der Hand ist, und da die ungeübte Empfindung dem Efeu gleicht, welcher sich ebensoleicht an einen Baum als an eine alte Mauer anhängt, ich will sagen, das Schlechte und das Gute mit gleichem Vergnügen sieht, so soll man dieselbe mit schönen Bildern beschäftigen. Hier gilt, was Diogenes sagte, daß wir die Götter bitten sollen, uns angenehme Erscheinungen zu geben. An einem mit Raffaelischen Bildern eingenommenen Knaben wird man mit der Zeit bemerken, was jemand empfindet, welcher, nachdem er den vatikanischen Apollo und den Laokoon an ebendem Orte gesehen, unmittelbar nachher ein Auge wirft auf einige Statuen verheiligter Mönche in der St. Peterskirche. Denn so wie die Wahrheit auch ohne Beweise überzeugt, so wird das Schöne, von Jugend an gesehen, auch ohne weiteren Unterricht vorzüglich gefallen.

Dieser Vorschlag zum anfänglichen Unterrichte ist vornehmlich gerichtet auf junge Leute, die, wie Sie, mein Freund, bis zu gewissen Jahren auf dem Lande erzogen werden oder keinen Anführer in dieser Kenntnis haben; aber auch diesen kann mehrere Gelegenheit dazu verschafft werden. Man suche die griechischen Münzen des Goltzius, welche unter allen am besten gezeichnet sind, deren Betrachtung und Erklärung zu unserem Zwecke nützlich und von weiterem Unterrichte sein kann. Die angenehmste und lehrreichste Beschäftigung aber werden die Abdrücke der besten geschnittenen Steine geben, von welchen eine große Sammlung in Gips in Deutschland zu haben ist. In Rom findet man eine vollständige Sammlung von allem, was in dieser Art schön ist, in roten Schwefel gegossen. Zu nützlicher Betrachtung dieser und jener kann meine Beschreibung der Stoschischen geschnittenen Steine dienen. Will sich jemand in kostbare Werke einlassen, so ist derjenige Band des florentinischen Museums, welcher die Steine enthält, besonders zu haben.

Befindet sich der zum Schönen anzuführende Knabe an einem großen Orte, wo demselben mündliche Anweisung kann gegeben werden, so würde ich diesem anfänglich nichts anders als jenem vorschlagen. Aber wenn dessen Lehrer die seltene Kenntnis hätte, die Arbeit alter und neuer Künstler zu unterscheiden, könnte zu den Abdrücken alter Steine eine Sammlung von Abdrücken neuer geschnittener Steine gesucht werden, um aus beider Vergleichung den Begriff des wahren Schönen in den alten und den irrigen Begriff desselben in den meisten neuen Arbeiten zu zeigen. Sehr viel kann gezeigt und begreiflich gemacht werden, auch ohne Anweisung in der Zeichnung, denn die Deutlichkeit erwächst aus dem Gegensatze, so wie ein mittelmäßiger Sänger neben einem harmonischen Instrumente kenntlich wird, welcher im Singen ohne dasselbe anders schien. Die Zeichnung aber, welche zugleich mit dem Schreiben kann gelehrt werden, gibt, wenn dieselbe zu einer Fertigkeit gelangt ist, eine völligere und gründlichere Kenntnis.

Dieser Privatunterricht aus Kupfern und Abdrücken bleibt unterdessen wie die Feldmesserei auf dem Papiere gezeichnet. Die Kopie im Kleinen ist nur der Schatten, nicht die Wahrheit, und es ist vom Homer auf dessen beste Übersetzungen kein größerer Unterschied, als von der Alten und des Raffaels Werken auf deren Abbildungen: dieses sind tote Bilder, und jene reden. Es kann also die wahre und völlige Kenntnis des Schönen in der Kunst nicht anders als durch Betrachtung der Urbilder selbst und vornehmlich in Rom erlangt werden, und eine Reise nach Italien ist denjenigen zu wünschen, die mit Fähigkeit zur Kenntnis des Schönen von der Natur begabt sind und hinlänglichen Unterricht in derselben erlangt haben. Außer Rom muß man, wie viele Verliebte, mit einem Blicke auf einen Seufzer zufrieden sein, das ist, das Wenige und das Mittelmäßige hochschätzen.

Es ist bekannt, daß sowohl von alten Werken als von Gemälden berühmter Meister seit hundert Jahren beträchtliche Stücke aus Rom in andere Länder, sonderlich nach England, weggeführt worden; man kann aber versichert sein, daß das Beste in Rom geblieben ist und vermutlich bleiben wird. Die vornehmste Sammlung von Altertümern in England ist die Pembrokische zu Wilton, und in derselben ist alles, was der Kardinal Mazarin gesammelt hat. Man muß sich aber durch den Namen des Künstlers Kleomenes unter etlichen Statuen so wenig als durch die an einigen Brustbildern zu München gesetzten Taufnamen irren lassen. Es ist leicht gepfiffen dem, der leicht tanzt. Nach dieser kommt die Arundelische Sammlung, in welcher das beste Stück eine konsularische Statue ist, unter dem Namen Cicero, folglich wird in derselben nichts sein, was schön heißen kann. Eine der schönsten Statuen in England ist eine Diana, welche Herr Cook, ehemaliger englischer Minister zu Florenz, vor vierzig Jahren aus Rom wegführte. Sie ist im Laufen und Schießen vorgestellt, von ausnehmender Arbeit, und es fehlt ihr nichts als der Kopf, welcher neu zu Florenz gemacht ist.

In Frankreich ist die beste Statue der sogenannte Germanicus, zu Versailles, mit dem wahren Namen des Künstlers Kleomenes, und diese Figur hat keine besondere Schönheit, sondern scheint nach einem gewöhnlichen Modelle im Leben gearbeitet zu sein. Die Venus mit dem schönen Hinteren, an ebendem Orte, als welche daselbst für ein Wunderwerk gehalten wird, ist wahrscheinlich eine Kopie der unter ebendem Namen noch berühmteren Venus im Palaste Farnese, aber auch diese kann kaum unter den Statuen vom zweiten Range stehen und hat außerdem einen neuen Kopf, welches nicht ein jeder sieht, von den Armen nicht zu gedenken.

In Spanien, und zwar zu Aranjuez, wo die ehemalige Odescalchische Sammlung von Altertümern steht, welche der Königin Christine gehörte, sind das Beste zwei wahrhaftig schöne Genien (welche man insgemein Kastor und Pollux nennt), und diese sind schöner als alles, was in Frankreich ist. Ferner ist daselbst ein überaus schönes ganzes Brustbild des Antinous, über Lebensgröße, und eine fälschlich so genannte liegende Kleopatra oder schlafende Nymphe. Das übrige dieser Sammlung ist mittelmäßig, und die Musen, in Lebensgröße, haben neue Köpfe, von Herkules Ferrata gemacht, von dessen Hand auch der ganze Apollo ist.

In Deutschland fehlt es ebenfalls nicht an Werken der alten Kunst. Zu Wien aber ist nichts, was Erwähnung verdiente, außer ein schönes Gefäß von Marmor, in der Größe und Form der berühmten Vase in der Villa Borghese, mit einem erhaben gearbeiteten Bacchanale umher. Dieses Stück ist in Rom gefunden und gehörte dem Kardinal Niccolo del Giudice, in dessen Palaste zu Neapel es stand. Bei Berlin, zu Charlottenburg, steht die Sammlung alter Werke, welche der Kardinal Polignac zu Rom gemacht hat. Das bekannteste sind elf Figuren, welche der ehemalige Besitzer eine Familie des Lykomedes getauft hat, das ist, Achilles in Weiberkleidern unter den Töchtern von jenem versteckt. Man muß aber wissen, daß alle äußern Teile dieser Figuren, sonderlich die Köpfe, neu und, was das schlimmste ist, von jungen Anfängern in der französischen Akademie zu Rom gemacht worden sind; der Kopf des sogenannten Lykomedes ist das Bild des berühmten Herrn von Stosch. Das beste Stück daselbst ist ein sitzendes Kind von Erz, welches mit den Knochen spielt, welche die Griechen Astragali und die Römer Tali nannten und anstatt der Würfel dienten. Der größte Schatz von Altertümern befindet sich zu Dresden: es besteht derselbe aus der Galerie Chigi in Rom, welche König Augustus mit 60000 Scudi erstand und denselben mit einer Sammlung von Statuen vermehrte, welche der Herr Kardinal Alexander Albani demselben für 10000 Scudi überließ. Ich kann aber das Vorzüglichste von Schönheit nicht angeben, weil die besten Statuen in einem Schuppen von Brettern, wie die Heringe gepackt, standen und zu sehen, aber nicht zu betrachten waren. Einige waren bequemer gestellt, und unter denselben sind drei bekleidete weibliche Figuren, welche die ersten herculanischen Entdeckungen sind.

Von Gemälden des großen Raffael ist in England nichts, wo es nicht ein St. George des Grafen Pembroke ist, welcher, soviel ich mich entsinne, dem in der Galerie des Herzogs von Orleans ähnlich ist; jener ist von Pagot gestochen. Zu Hamptoncourt aber sind sieben Kartone desselben zu ebensoviel Tapeten, welche in der St. Peterskirche verwahrt werden; diese sind von Dorigny gestochen. Neulich wurde dem Könige in England von Lord Baltimore eine Zeichnung der Verklärung Christi von diesem großen Meister, groß wie das Original, aus Rom zum Geschenke überschickt, welche vermutlich an ebendem Orte wird aufgehängt werden. Es ist dieselbe auf das Werk selbst abgezeichnet, mit schwer nachzuahmender Kunst in schwarzer Kreide ausgeführt, und diese dergestalt auf das Papier befestigt, daß die Zeichnung nichts leiden kann. Sie kennen, mein Freund!, den Künstler derselben, Herrn Johann Casanova, den größten Zeichner in Rom nach Mengs, dessen Meister, und wir haben dieses einzige Werk mehr als einmal betrachtet und bewundert.

In Frankreich, und zwar zu Versailles, ist die berühmte H. Familie des Raffael, von Edeling gestochen und nachher von Frey, nebst der H. Katharina. In Spanien, im Escurial, sind zwei Stücke von dessen Hand, von welchen das eine eine Madonna ist. In Deutschland sind zwei Stücke: zu Wien die H. Katharina und zu Dresden das Altarblatt aus dem Kloster St. Sisto zu Piacenza, aber dieses ist nicht von dessen besten Manier und zum Unglück auf Leinwand gemalt, da dessen andere Werke in Öl auf Holz sind; daher hatte dasselbe bereits viel gelitten, da es aus Italien ankam, und wenn dasselbe von dessen Zeichnung könnte einen Begriff geben, so bleibt derselbe aus diesem Stücke mangelhaft von dessen Kolorit. Ein vermeinter Raffael, welchen der König von Preußen vor einigen Jahren in Rom für 3000 Scudi erstehen ließ, ist von keinem Kunstverständigen allhier für dessen Arbeit erkannt worden, daher auch kein schriftliches Zeugnis von der Richtigkeit desselben zu erhalten war.

Aus diesem Verzeichnisse der besten Werke alter Bildhauer und der Gemälde des Raffael außer Rom und Italien ist der Schluß zu ziehen, daß das Schöne in der Kunst anderwärts nur einzeln sei und daß die Empfindung desselben allein in Rom völlig, richtig und verfeinert werden könne. Diese Hauptstadt der Welt bleibt noch jetzt eine unerschöpfliche Quelle von Schönheiten der Kunst, und es wird hier in einem Monate mehr entdeckt, als in den verschütteten Städten bei Neapel in einem Jahre. Nachdem ich zu der Abhandlung über die Schönheit in der Geschichte der Kunst alles, was in Italien aus dem Altertume von Schönheit übrig ist, untersucht hatte, glaubte ich nimmermehr einen schöneren Kopf männlicher Jugend als den Apollo, den Borghesischen Genius und den Mediceischen Bacchus in Rom zu finden, und ich wurde außer mich gesetzt, da mir eine fast noch höhere Schönheit in dem Gesichte eines jungen Fauns mit zwei kleinen Hörnern auf der Stirne zu Gesichte kam, welcher nach der Zeit entdeckt ist und sich in den Händen des Bildhauers Cavaceppi befindet. Es fehlt demselben die Nase und etwas von der Oberlippe; was für einen Begriff würde dieser Kopf geben, wenn er unbeschädigt wäre! Eine der gelehrtesten Statuen aus dem Altertume wurde im Monat Mai dieses 1763. Jahres bei Albano in einem Weinberge des Prinzen Altieri entdeckt. Es stellt dieselbe einen jungen Faun vor, welcher eine große Muschel vor dem Unterleibe hält, woraus Wasser lief, und die Figur schaut, mit geneigtem Haupte und gekrümmtem Leibe, in dasselbe. Der florentinische tanzende Faun scheint hart neben diesem, und man kann ihn mit keiner Statue füglicher als mit dem von mir beschriebenen Sturze des vergötterten Herkules in Vergleichung setzen. Es wird also künftig ein Altierischer Faun berühmt werden, wie es der Borghesische fälschlich genannte Fechter und der Farnesische Herkules ist.

Nach diesem allgemeinen Vorschlage zum Unterrichte sollte derselbe auch auf das besondere Schöne führen, welches einer jeden der drei schönen Künste, der Malerei, Bildhauerei und der Baukunst, eigen ist, wenn dieses Feld nicht zu weitläufig hier zu bestreiten wäre. Ich muß nach den Grenzen dieser Schrift und nach denjenigen, die mir andere wichtige Ausarbeitungen und Geschäfte setzen, mich begnügen, einzelne Blumen und Kräuter auf demselben zu suchen.

Das Schöne in diesen Künsten ist schwerer in der ersteren, leichter in der zweiten und noch leichter in der dritten einzusehen; der Beweis aber von der Ursache des Schönen ist allenthalben schwer, und hier gilt der bekannte Satz, daß nichts schwerer ist als der Beweis einer augenscheinlichen Wahrheit, und die von allen durch Hilfe der Sinne begriffen wird.

In der Baukunst ist das Schöne mehr allgemein, weil es vornehmlich in der Proportion besteht, denn ein Gebäude kann durch dieselbe allein, ohne Zieraten, schön werden und sein. Die Bildhauerei hat zwei schwere Teile, nämlich das Kolorit und Licht und Schatten, nicht, durch welche die Malerei ihre größte Schönheit erhebt, und also ist es stufenweis leichter, die eine als die andere Kunst zu besitzen und einzusehen. Aus diesem Grunde konnte Bernini, ohne Gefühl des menschlichen Schönen, ein großer Baumeister sein, welches Lob derselbe in der Bildhauerei nicht verdient. Dieses ist so sinnlich, daß es mich wundert, wie es Leute hat geben können, welche gezweifelt, ob die Malerei oder die Bildhauerei schwerer sei, denn daß es in den neueren Zeiten weniger gute Bildhauer als Maler gegeben, kann dieses nicht zweifelhaft machen. Hieraus folgt, da das Schöne in der Bildhauerei mehr als in den beiden andern Künsten auf *eins* gerichtet ist, daß die Empfindung desselben in diesen so viel seltener sein müsse, da dieselbe in jener Kunst selten ist, wie sich dieses auch sogar in Rom selbst an den neuesten Gebäuden offenbart, unter welchen wenige nach den Regeln der wahren Schönheit ausgeführt sind, wie es die von Vignola ohne Ausnahme zu sein pflegen. In Florenz ist die schöne Baukunst sehr selten, so daß nur ein einziges kleines Haus schön heißen kann, welches auch die Florentiner als ein Wahrzeichen weisen; ebendieses kann man von Neapel sagen. Venedig aber übertrifft diese beiden Städte durch verschiedene Paläste am großen Kanale, welche von Palladio aufgeführt sind. Man mache selbst den Schluß von Italien auf andere Länder. In Rom aber sind mehr schöne Paläste und Häuser als in ganz Italien zusammengenommen. Das schönste Gebäude unserer Zeiten ist die Villa des Herrn Kardinal Alexander Albani, und der Saal in derselben kann der schönste und prächtigste in der Welt heißen.

Der Inbegriff des Schönen in der Baukunst ist an dem schönsten Gebäude in der Welt zu suchen, und dieses ist St. Peter. Die Mängel, welche hier Campbell in seinem »Britannischen Vitruv« und andere finden, sind wie von Hörensagen und haben nicht den geringsten Grund. Man setzt an der vorderen Seite aus, daß die Öffnungen und Glieder derselben der Größe des Gebäudes nicht proportioniert seien, aber man hat nicht bedacht, daß diese vermeinten Mängel durch den Balkon, auf welchem der Papst sowohl hier als zu St. Johann Lateran und zu St. Maria Maggiore den Segen zu erteilen pflegt, notwendig entstehen. Die attische Ordnung an dieser Seite ist nicht höher als diejenige, welche das ganze Gebäude hat. Der vermeinte Hauptfehler aber ist, daß Carlo Maderno, der Baumeister der vorderen Seite, dieselbe zu weit heraus geführt und anstatt des griechischen Kreuzes, wo die Cupola in der Mitte gewesen wäre, diesem Tempel die Form des lateinischen Kreuzes gegeben habe. Dieses aber geschah auf Befehl, um den ganzen Platz der alten Kirche in dem neuen Gebäude einzuschließen. Diese Verlängerung war bereits vom Raffael, als Baumeister von St. Peter vor dem Michelangelo, entworfen, welches man aus dessen Grundrisse beim Serlio sieht, und Michelangelo scheint in der

Tat ebendiesen Vorsatz gehabt zu haben, wie dessen Grundriß beim Bonanni zeigt. Es würde auch die Form des griechischen Kreuzes wider die Regeln der alten Baumeister gewesen sein, welche lehren, daß die Breite eines Tempels ein Drittel der Länge desselben halten soll.

In der Bildhauerei der alten Werke ist die erste Kenntnis, zur Übung der Empfindung des Schönen, der Unterschied des Alten und Neuen an ebenderselben Figur. Der Mangel dieser Kenntnis hat viel vermeinte Kenner und Skribenten verführt, denn es ist dieselbe nicht allenthalben so leicht wie an den Ergänzungen der Statuen im Palaste Giustiniani, die auch Anfängern im guten Geschmacke Ekel machen. Ich rede hier von den Zusätzen der Figur selbst, denn die derselben beigelegten Zeichen sind nicht unter der Empfindung des Schönen begriffen. Alle Skribenten haben sich bei dem sogenannten Farnesischen Ochsen betrogen, wo sie nichts Neues gefunden haben, aber das Gefühl des Schönen hätte ihnen über ganze halbe Figuren dieses Werks wenigstens Zweifel erwecken sollen. Im Nackenden ist nicht alles schön (denn es waren auch vor Alters gute und schlechte Künstler, wie Plato im »Kratylus« sagt), aber auch wenig Fehlerhaftes und Schlechtes, und da in unserer Natur dasjenige vollkommen heißt, was die wenigsten Fehler hat, so finden sich in diesem Verstande viel Figuren der Alten, welche für schön gelten können. Aber das Abstrakte und bloß Schöne ist von dem Ausdrucke in der Schönheit wohl zu unterscheiden: der vatikanische Apollo ist ein Gesicht von dieser Art, der Borghesische Genius von jener; der Kopf des Apollo kommt nur einer unmutigen und verachtenden Gottheit zu. Das Bekleidete der alten Figuren kann in seiner Art schön, wie das Nackende, heißen, denn alle ihre Gewänder sind gut und schön geworfen, und nicht alle sind nach nassen Gewändern gearbeitet, wie insgemein irrig vorgegeben wird; dieses sind die feinen Gewänder, welche nahe am Fleische liegen mit niedrigen und kleinen Falten. Man kann also aus diesem Grunde die neuern Künstler nicht entschuldigen, die in historischen Werken, anstatt der Gewänder der Alten, sich andere gebildet haben, die niemals gewesen sind.

An den erhobenen Arbeiten der Alten haben einige Skribenten, welche von ihren Werken nur wie die Pilgrime von Rom reden können, auszusetzen gefunden, daß alle Figuren gleich erhoben seien, ohne malerische Abweichung, welche verschiedene Gründe und Weiten erfordert. Sie setzen dieses als erwiesen voraus und schließen auf eine Ungeschicklichkeit, als wenn es schwerer wäre, flach als erhoben zu modellieren. Diesen sage man, daß sie vieles nicht wissen. Es finden sich solche Werke von drei verschiedenen Abweichungen und Erhobenheiten der Figuren, und ein solches steht in dem prächtigen Saale der Villa Albani. In Werken neuerer Bildhauer muß man von der gemeinen Regel abgehen, man kann hier nicht allezeit von dem Werke auf den Meister schließen, denn z.B. die Statue des h. Dominicus mit der Kleidung seines Ordens in St. Peter war dem geschickten Legros ein fast unüberwindlicher Widerstand, zur Schönheit zu gelangen.

Die Schönheit in der Malerei ist sowohl in der Zeichnung und in der Komposition als in dem Kolorit und im Lichte und Schatten. In der Zeichnung ist die Schönheit selbst der Probierstein auch in dem, was Furcht erwecken soll, denn was von der schönen Form abweicht, kann gelehrt, aber nicht schön gezeichnet heißen. Verschiedene Figuren in dem Göttermahle des Raffael können mit diesem Satze nicht bestehen, aber dieses Werk ist von dessen Schülern ausgeführt, unter welchen Giulio Romano, der ihm am liebsten war, das Gefühl des wahren Schönen nicht besaß. Da die Raffaelische Schule, welche nur wie die Morgenröte hervorkam, aufhörte, verließen die Künstler das Altertum und gingen, wie vorher geschehen war, ihrem eigenen Dünkel nach. Durch die beiden Zuccari fing das Verderbnis an, und Giuseppe von Arpino verblendete sich und andere. Beinahe fünfzig Jahre nach dem Raffael fing die Schule der Carracci an zu blühen, deren Stifter Ludwig, der Ältere von ihnen, nur auf vierzehn Tage Rom sah und folglich seinen Enkeln, sonderlich dem Hannibal, in der Zeichnung nicht beikommen konnte. Diese waren Eklektiker und suchten die Reinheit der Alten und des Raffael, das Wissen des Michelangelo mit dem Reichtume und dem Überflusse der venetianischen Schule, sonderlich des Paolo, und mit der Fröhlichkeit des lombardischen Pinsels im Correggio zu vereinigen. In der Schule des Agostino und des Hannibal haben sich Domenichino, Guido, Guercino und Albano gebildet, die den Ruhm ihrer Meister erreicht, aber als Nachahmer müssen geachtet werden.

Domenichino studierte die Alten mehr als alle Nachfolger der Carracci und arbeitete nicht, bevor er auch die geringsten Teile gezeichnet, wie man unter andern aus acht großen Bänden seiner Zeichnungen in dem Museum des Herrn Kardinal Alexander Albani, welche jetzt der König von England besitzt, dartun kann; im Nackenden aber hat er die Raffaelische Reinigkeit nicht erreicht. Guido ist sich nicht gleich, weder in der Zeichnung noch in der Ausführung: er kannte die Schönheit, aber er hat dieselbe nicht allezeit erreicht. Sein Apollo in der berühmten Aurora ist nichts weniger als eine schöne Figur und ist gegen den Apollo von Mengs unter den Musen in der Villa Albani wie ein Knecht gegen dessen Herrn. Der Kopf seines Erzengels ist schön, aber nicht idealisch. Sein erstes und starkes Kolorit verließ er und nahm eine helle, flaue und unkräftige Art an. Guercino hat sich im Nackenden nicht vornehmlich gezeigt und band sich nicht an die Strenge der Raffaelischen Zeichnung und der Alten, deren Gewänder und Gebräuche er auch in wenig Werken beobachtet und nachgeahmt hat. Seine Bilder sind edel, aber nach seinen eigenen Begriffen entworfen, so daß er mehr als die vorigen ein Original heißen kann. Albano ist der Maler der Grazie, aber nicht der höchsten, welcher die Alten opferten, sondern der unteren; seine Köpfe sind mehr lieblich als schön. Nach diesen Anzeigen kann man selbst suchen, über die Schönheit einzelner Figuren in den übrigen Malern, die es verdienen, zu urteilen.

Die Schönheit der Komposition besteht in der Weisheit, das ist, sie soll einer Versammlung von gesitteten und weisen Personen, nicht von wilden und aufgebrachten Geistern gleichen, wie die von La Fage sind. Die zweite Eigenschaft ist die Gründlichkeit, das ist, es soll nichts müßig und leer in derselben sein, nichts wie in Versen um des Reims willen gesetzt, so daß die Nebenfiguren nicht wie gepfropfte Reiser, sondern wie Zweige von dem Stamme erscheinen. Die dritte Eigenschaft ist die Vermeidung von Wiederholungen in Handlungen und Stellungen, welche eine Armut von Begriffen und eine Unachtsamkeit zeigen. Sehr große Kompositionen bewundert man, als solche, nicht: die Machinisten oder diejenigen, welche große Plätze geschwinde mit Figuren anfüllen können, wie Lanfranco, dessen Cupolen viele hundert Figuren enthalten, sind wie viele Skribenten in Folio. Wir wissen, wie Phädrus sagt,

Plus esse in uno saepe, quam in turba, boni.

Viel und gut steht selten beisammen, und derjenige, welcher an seinen Freund schrieb: »Ich habe nicht Zeit gehabt, mich kürzer zu fassen«, wußte, daß nicht das Viele, sondern das Wenige schwer ist. Tiepolo macht mehr in einem Tage als Mengs in einer Woche, aber jenes ist gesehen und vergessen, dieses bleibt ewig. Wenn aber die großen Werke nach allen Teilen ausstudiert sind, wie das Jüngste Gericht des Michelangelo, wovon sich viele erstere eigenhändige Entwürfe einzelner Figuren und Haufen mehrerer in den vormals Albanischen, jetzt königlich englischen Zeichnungen finden, und wie die Schlacht des Konstantin von Raffael ist, wo wir nicht weniger Vorwürfe von Verwunderung sehen als der Held, dem Pallas beim Homer das Schlachtfeld zeigen würde, alsdann, sage ich, haben wir ein ganzes System der Kunst vor Augen. Die Erläuterung der obigen Erinnerung gibt die Schlacht des Alexander wider den Porus von Pietro von Cortona, im Campidoglio, welches ein Gemengsel von geschwind entworfenen und ausgeführten kleinen Figuren ist, insgemein aber als ein Wunderwerk gezeigt und gesehen wird, um so viel mehr, da die Legende sagt, Ludwig XIV. habe dem Hause Savelli, wo dieses Stück war, 20000 Scudi dafür geboten, welche Lüge neben dessen Gebote von 100000 Louis für die »Nacht« des Correggio stehen kann.

Das Kolorit erhält seine Schönheit durch eine fleißige Ausführung, denn die vielen Abweichungen der Farben und ihre Mitteltinten sind nicht geschwinde gefunden und gesetzt. Alle großen Maler haben nicht geschwinde gearbeitet, und die Raffaelische Schule, ja alle großen Koloristen haben ihre Werke auch in der Nähe zu betrachten gemacht. Die letzteren welschen Maler, unter welchen Carlo Maratta der vornehmste ist, haben geschwinde ausgeführt und sich mit einer allgemeinen Wirkung ihrer Werke begnügt, daher sie viel verlieren, wenn man sie lange und näher untersuchen will. Von diesen Malern muß das Sprichwort in Deutschland entstanden sein: Schön von weitem, wie die italienischen Gemälde. Ich unterscheide hier die Freskogemälde von andern, als welche nicht fein ausgeführt werden, weil sie von weitem wirken müssen, ingleichen fleißig geendigte und geleckte Gemälde, welche peinlich und verzagt gearbeitet sind und sich mehr durch Fleiß als durch wahres Wissen anpreisen. Jene aber zeigen die Gewißheit und Zuversicht, und der freie Pinsel verliert nichts im Nahen und wirkt viel weiter als jener. Von dieser Art ist die Krone aller Gemälde im Kleinen in der Welt, im Palaste Albani, nämlich die berühmte Verklärung Christi des Raffael, welches viele für das Werk dieses Meisters selbst halten, einige aber dessen Schülern zuschreiben. Von der andern Art ist eine Abnehmung vom Kreuze von van der Werff, eines seiner besten Werke, an ebendem Orte, welches der Künstler für den Kurfürsten von der Pfalz zum Geschenke an Papst Clemens XI. gemacht hat. Im Kolorit des Nackenden sind Correggio und Tizian die Meister unter allen, denn ihr Fleisch ist Wahrheit und Leben. Rubens, welcher in der Zeichnung nicht idealisch ist, ist es hier; sein Fleisch gleicht der Röte der Finger, welche man gegen die Sonne hält, und sein Kolorit ist gegen jene wie eine durchsichtige Glaskomposition gegen echtes Porzellan.

In Absicht des Lichts und Schattens können wenige Werke des Caravaggio und des Spagnoletto schön sein, denn sie sind der Natur des Lichts zuwider. Der Grund ihrer finstern Schatten ist der Satz: Entgegengesetzte Dinge nebeneinander werden scheinbarer, wie es eine weiße Haut durch ein dunkles Kleid wird. Die Natur aber handelt nicht nach diesem Satze; sie geht stufenweis auch in Licht, Schatten und Finsternis, und vor dem Tage geht vorher die Morgenröte und vor der Nacht die Dämmerung. Die Pedanten in der Malerei pflegen diese schwarze Kunst zu schätzen wie die in der Gelehrsamkeit einige beschmauchte Skribenten. Aber ein Liebhaber der Kunst, welcher in sich ein Gefühl des Schönen bemerkt und nicht genugsame Kenntnis besitzt, wird irre, wenn er von vermeinten Kennern Gemälde schätzen hört, wo ihm sein Sinn das Gegenteil spricht. Hat derselbe die Werke der besten Meister betrachtet, so daß er eine notdürftige Erfahrung erlangt hat, kann derselbe sein Auge und sein Gefühl mehr als den Ausspruch, welcher ihn nicht überzeugt, sich eine Regel sein lassen. Denn es gibt Leute, die nur das loben, was andern nicht gefällt, um sich dadurch über die gemeine Meinung hinwegzusetzen, so wie der berühmte Maffei, welcher sehr seicht im Griechischen war, den finsteren und gezwungenen Nikander dem Homer gleich schätzte, um etwas Fremdes zu sagen und von sich glauben zu machen, daß er seinen Held gelesen und verstanden. Der Liebhaber der Kunst kann versichert sein, daß, wenn es nicht nötig wäre, die Manier gewisser Meister zu kennen, die Gemälde des Luca Giordano, des Preti von Calabrese, des Solimena und überhaupt alle neapelschen Maler kaum die Zeit wert sind, dieselben zu untersuchen. Ebendieses kann von den neueren venetianischen Malern, sonderlich von Piazzetta, gesagt werden.

Ich füge diesem Unterrichte zur Empfindung des Schönen in der Kunst folgende Erinnerungen bei: Man sei vor allen Dingen aufmerksam auf besondere eigentümliche Gedanken in den Werken der Kunst, welche zuweilen wie kostbare Perlen in einer Schnur von schlechteren stehen und sich unter diesen verlieren können. Unsere Betrachtung sollte anheben von den Wirkungen des Verstandes, als dem würdigsten Teile auch der Schönheit, und von da heruntergehen auf die Ausführung. Dieses ist sonderlich bei Poussins Werken zu erinnern, wo das Auge durch das Kolorit nicht gereizt wird und also den vornehmsten Wert desselben übersehen könnte. Es hat derselbe die Worte des Apostels: »Ich habe einen guten Kampf gekämpft«, in dem Gemälde der letzten Ölung durch einen Schild über dem Bette des Sterbenden vorgestellt, auf welchem der Name Christus wie auf den alten christlichen Lampen steht; unter demselben hängt ein Köcher, welches auf die Pfeile des Bösewichts deuten kann. Die Plage der Philister an heimlichen Orten ist in zwei Personen ausgedrückt, welche dem Kranken die Hand reichen und sich die Nase zuhalten. Ein edler Gedanke ist in der berühmten Io des Correggio der lechzende Hirsch am Wasser, aus den Worten des Psalmisten: »Wie der Hirsch schreit etc.« genommen, als ein reines Bild der Brunst des Jupiter, denn das Schreien des Hirsches heißt im Hebräischen zugleich, etwas sehnlich und brünstig verlangen. Schön gedacht ist der Fall der ersten Menschen vom Domenichino in der Galerie Colonna: der Allmächtige, von einem Chor der Engel getragen, hält dem Adam sein Vergehen vor, dieser wirft die Schuld auf die Eva und Eva auf die Schlange, welche unter ihr kriecht; und diese Figuren sind stufenweise, wie die Handlung ist, gestellt und in einer Kette von hinübergehender Handlung einer auf die andere.

Die zweite Erinnerung sei die Beobachtung der Natur. Die Kunst, als eine Nachahmerin derselben, soll zur Bildung der Schönheit allezeit das Natürliche suchen und alles Gewaltsame, soviel möglich ist, vermeiden, weil selbst die Schönheit im Leben durch gezwungene Gebärden mißfällig werden kann. Wie viel angebrachtes Wissen in einer Schrift einem klaren und deutlichen Unterrichte weichen muß, so soll es dort die Kunst der Natur tun, und jene soll nach dieser abgewogen werden. Wider diesen Satz haben große Künstler gehandelt, deren Haupt hier Michelangelo ist, welcher, um sich gelehrt zu zeigen, in den Figuren der großherzoglichen Gräber sogar die Unanständigkeit derselben übersehen hat. Aus diesem Grunde soll man in starken Verkürzungen keine Schönheit suchen, denn diese sind wie die ausstudierte Kürze in des Cartesius Geometrie und verbergen, was sichtbar sein sollte. Es können dieselben Beweise sein von der Fertigkeit im Zeichnen, aber nicht von der Kenntnis der Schönheit.

Die dritte Erinnerung betrifft die Ausarbeitung. Da diese nicht das erste und das höchste Augenmerk sein kann, so soll man über die Künsteleien in derselben, als wie über Schönflecke, hinsehen, denn hier können die Künstler aus Tirol, welche das ganze Vaterunser erhoben auf einem Kirschkerne geschnitten haben, allen den Rang streitig machen. Wo aber Nebendinge mit der Hauptsache gleich fleißig ausgeführt worden, wie es die Kräuter auf dem Vorgrunde der Verklärung Christi sind, zeigt es die Gleichförmigkeit des Künstlers im Denken und Wirken, welcher, wie der Schöpfer, auch im Kleinsten hat groß und schön erscheinen wollen. Maffei, welcher, wiewohl irrig, vorgibt, daß die alten Steinschneider die Gründe ihrer vertieften Figuren glätter als die neuern zu machen verstanden, muß auf Kleinigkeiten in der Kunst mehr als auf das Wesentliche aufmerksam gewesen sein. Die Glätte des Marmors ist also keine Eigenschaft einer Statue, wie die Glätte eines Gewandes, sondern höchstens wie es die glatte Oberfläche des Meeres ist, denn es sind Statuen, und zwar einige der schönsten, nicht geglättet.

Dieses kann zur Absicht dieses Entwurfs, welcher allgemein sein sollte, hinlänglich geachtet werden. Die höchste Deutlichkeit kann Dingen, die auf der Empfindung bestehen, nicht gegeben werden, und hier läßt sich schriftlich nicht alles lehren, wie unter andern die Kennzeichen beweisen, welche Argenville in seinen »Leben der Maler« von den Zeichnungen derselben zu geben vermeint. Hier heißt es: Gehe hin und sieh; und Ihnen, mein Freund, wünsche ich, wiederzukommen. Dieses war Ihr Versprechen, da ich Ihren Namen in die Rinde eines prächtigen und belaubten Ahorns zu Frascati schnitt, wo ich meine nicht genutzte Jugend in Ihrer Gesellschaft zurückrief und dem Genius opferte. Erinnern Sie sich desselben und Ihres Freundes, genießen Sie Ihre schöne Jugend in einer edlen Belustigung und ferne von der Torheit der Höfe, damit Sie sich selbst leben, weil Sie es können, und erwecken Sie Söhne und Enkel nach Ihrem Bilde!

Biographie

1717   *9. Dezember:* Johann Joachim Winckelmann wird in Stendal als einziges Kind des Flickschusters Martin Winckelmann und seiner Frau Anna Maria geboren.
Er wächst in ärmlichen Verhältnissen auf.
Die Eltern wollen ihn nach dem Besuch der Volksschule zu einem Handwerker in die Lehre geben, doch er setzt sich mit seinem Wunsch, die Lateinschule zu besuchen, durch, muß sich seinen Lebensunterhalt jedoch durch Nachhilfestunden selbst verdienen.

1735   *Herbst:* Fußwanderung nach Berlin, wo er in das Köllnische Gymnasium eintritt. Er wohnt bei dem Rektor des Gymnasiums, Bade, der ihm gegen die Unterrichtung seiner Kinder Kost und Unterkunft gewährt.

1736   *Herbst:* Rückkehr nach Stendal.
November: Eintritt in die Altstädtische Schule in Salzwedel.

1737   Rückkehr nach Stendal.
Geringes Einkommen als Präfekt des Schulchors und durch Privatunterricht.

1738   *April:* Winckelmann immatrikuliert sich an der Universität Halle zum Studium der Theologie. Neben theologischen hört er philosophische Vorlesungen, vor allem bei Alexander Gottlieb Baumgarten in Logik und Ästhetik.

1740   *Februar:* Winckelmann verläßt die Universtität Halle.
Um sich sein weiteres Studium zu verdienen, tritt er eine Stelle als Hauslehrer in Osterburg (Altmark) an.

1741   *Frühjahr:* Er immatrikuliert sich an der Universität in Jena für das Medizinstudium.

1742   Antritt einer Hauslehrerstelle in Hadmersleben bei Magdeburg.

1743   *April:* Winckelmann wird Konrektor an der Lateinschule in Seehausen (Altmark). Er unterrichtet Latein, Hebräisch, Griechisch und Geschichte.

1748   *September:* Der sächsische Minister Graf von Bünau, einer der bedeutendsten Bibliophilen des 18. Jahrhunderts, stellt Winckelmann als Bibliothekar auf seinem Schloß in Nöthnitz bei Dresden ein.
Winckelmann erhält damit die Möglichkeit, sich mit der zeitgenössischen englischen und französischen Literatur und den antiken Autoren vertraut zu machen.

1752   Er verfaßt die »Beschreibung der vorzüglichsten Gemählde der Dresdner Galerie«.

1753   Winckelmann nimmt Zeichenunterricht bei dem Maler Adam

Friedrich Oeser aus Dresden.

Entstehung der »Gedanken vom mündlichen Vortrag der neueren allgemeinen Geschichte«.

Schwere Erkrankung Winckelmanns.

1754 *Juni:* Winckelmann konvertiert zum Katholizismus.

Oktober: Übersiedlung nach Dresden zu Oeser.

1755 Winckelmanns dem Kurfürsten von Sachsen und König von Polen Friedrich August II. gewidmete Schrift »Gedancken über die Nachahmung der Griechischen Wercke in der Mahlerey und Bildhauer-Kunst«, ein Lobgesang auf die antike griechische Kunst und Kultur, erscheint.

Friedrich August II. gewährt Winckelmann eine Pension.

September: Beginn der Italienreise Winckelmanns, die über Venedig, Bologna und Rimini nach Rom führt, wo er sich niederläßt.

1756 Beginn der Arbeit an der »Geschichte der Kunst des Alterthums«.

1757 Winckelmann wird Bibliothekar bei dem Kardinalstaatssekretär Archinto in Rom (bis 1758).

1758 *März:* Reise nach Neapel.

Herbst: Aufenthalt in Florenz.

Tod Archintos.

1759 *Juni:* Rückkehr nach Rom.

Winckelmann wird Gesellschafter des Kardinals Albani.

Die Aufsätze »Beschreibung des Torsos im Belvedere zu Rom«, »Erinnerung über die Betrachtung der Kunstwerke« und »Von der Grazie in den Werken der Kunst« werden in der Zeitschrift »Bibliothek der schönen Wissenschaften« veröffentlicht.

1761 In der »Bibliothek der schönen Wissenschaften« erscheint Winckelmanns Aufsatz »Anmerkungen über die Baukunst der Alten«.

1762 Reise nach Neapel mit Graf Heinrich von Brühl.

»Sendschreiben von den Herculanischen Entdeckungen«.

In Rom beginnt Winckelmann mit kunstgeschichtlichen Fremdenführungen, an denen vor allem Engländer teilnehmen.

1763 »Abhandlung von der Fähigkeit der Empfindung des Schönen«.

Winckelmann wird päpstlicher Antiquar und Kommissar über die Altertümer in Rom und Umgebung sowie Scriptor der vatikanischen Bibliothek.

1764 *Februar:* Reise nach Neapel.

»Nachrichten von den neuesten Herculanischen Entdeckungen«.

»Geschichte der Kunst des Alterthums« (2 Bände).

1765 Verhandlungen über eine Anstellung als Bibliothekar bei Friedrich II. von Preußen scheitern an den zu hohen Gehaltsforderungen Winckelmanns.

1766 »Versuch einer Allegorie, besonders für die Kunst«.

1767 Auf Einladung des englischen Botschafters in Neapel, Sir William Hamilton, reist Winckelmann für zwei Monate nach Neapel, wo er einen Ausbruch des Vesuvs miterlebt.

»Anmerkungen über die Geschichte der Kunst des Alterthums« (2 Bände).

»Monumenti antichi inediti« (2 Bände, 1767–68).

1768 *April:* Zusammen mit dem Bildhauer und Restaurator Bartolomeo Cavaceppi tritt Winckelmann eine Reise nach Berlin an, die über Bologna, Venedig und Verona führt. In Regensburg bricht er die Reise ab und beschließt, nach Rom zurückzukehren.

Reise mit Cavaceppi nach Wien, wo er eine Audienz bei der Kaiserin Maria Theresia erhält.

Mai: Cavaceppi reist allein nach Berlin, während Winckelmann die Rückreise nach Italien antritt.

Juni: Zwischenstation in Triest, wo er auf ein Schiff nach Ancona wartet.

8. Juni: Der homosexuelle Winckelmann wird in seinem Hotel in Triest von einem Strichjungen ermordet und am nächsten Tag in Triest beerdigt.

Printed in Great Britain
by Amazon